博物馆

展览研究与实践

——秦皇岛市玻璃博物馆展览案例

MUSEUM

马　猛◎编著

燕山大学出版社

· 秦皇岛 ·

秦皇岛市玻璃博物馆
QINHUANGDAO MUSEUM

图书在版编目（CIP）数据

博物馆展览研究与实践：秦皇岛市玻璃博物馆展览
案例 / 马猛编著 . — 秦皇岛：燕山大学出版社，2022.7
ISBN 978-7-5761-0373-1

Ⅰ . ①博… Ⅱ . ①马… Ⅲ . ①博物馆 – 陈列设计 – 研究 Ⅳ . ① G265

中国版本图书馆 CIP 数据核字（2022）第 130634 号

博物馆展览研究与实践
——秦皇岛市玻璃博物馆展览案例
BOWUGUAN ZHANLAN YANJIU YU SHIJIAN

马　猛 编著

出 版 人：陈　玉		
责任编辑：方志强	策划编辑：方志强	
责任印制：吴　波	装帧设计：秦皇岛神鸟文化传播有限公司	
出版发行：燕山大学出版社 YANSHAN UNIVERSITY PRESS	地　　址：河北省秦皇岛市河北大街西段 438 号	
邮政编码：066004	电　　话：0335-8387555	
印　　刷：秦皇岛墨缘彩印有限公司	经　　销：全国新华书店	

开　　本：787mm×1092mm 1/16	印　　张：13.75	
版　　次：2022 年 7 月第 1 版	印　　次：2022 年 7 月第 1 次印刷	
书　　号：ISBN 978-7-5761-0373-1	字　　数：226 千字	
定　　价：86.00 元		

目　录

第一部分

建党百年主题展

第一章

时代潮头　引吭高歌
——新民主主义革命时期秦皇岛红色文化展

新民主主义革命时期，在中国共产党领导下，广大文化工作者在滦东文艺战线，密切地配合着滦东人民的政治与军事斗争，对号召全民抗战、争取民族独立与解放作出了不可磨灭的贡献。

随着1942年延安文艺座谈会的胜利召开与滦东抗日根据地的开辟，中国共产党领导下的滦东文艺团体开始有组织地发展并逐步壮大。抗战胜利前夕，滦东抗日根据地已经有前锋剧社、七月剧社、海滨剧社、抗日影社、路南影社、救国报社、大众报社、大众剧社等众多文化团体；大量知名艺术家如黄天、今歌、黄河、李劫夫、雷烨、张进学、罗光达、齐观山等被派往滦东；滦东抗日根据地还培养了管桦、刘大为、陈大远、周方等一大批本地杰出的词曲作家、文学家。在唤醒人民大众、鼓舞军民斗志、弘扬民族精神、揭露日军罪行等方面发挥了重要作用。

滦东文艺战线创作和演出了大量反映冀东或滦东军民生活的脍炙人口的文艺作品。如黄天、今歌创作的讴歌军民鱼水情的剧作《夜深人静时》《拥军模范于平》；王舒编导的反映沦陷区人民悲惨生活与英勇斗争的话剧《长城线上》；由黄天作词、今歌作曲的《庆祝开辟第二战场》；刘大为、管桦编写的话剧《三百人和一条枪》；等等。在摄影方面，涌现了一系列家喻户晓的作品。如雷烨的《滦河晓渡》、罗光达的《沙坨塔上的八路军哨兵》、齐观山的《战斗在冀东古长城一带的八路军战士靠吃炒米、野菜坚持抗日斗争》、张进学的《解放山海关》等摄影作品都是为数不多的记录滦东抗战的佐证。

展览回顾了新民主主义革命时期秦皇岛文化战线的突出成就，总结了中国共产党领导滦东文化工作取得的历史经验，为秦皇岛地区新时代中国特色社会主义文化建设提供了借鉴和启迪，并以此庆祝中国共产党成立100周年，对秦皇岛市广大党员、干部进一步增强道路自信、理论自信、制度自信、文化自信，全面加快建设现代化、国际化的沿海强市、美丽港城具有重要意义。

一、日军侵略

（一）军事侵略

1931年九一八事变后，滦东地区成为日军由东北入侵华北的咽喉。华北首冲山海关（又称榆关）位于燕山山脉及明万里长城的东端，枕山襟海，地势险要。1933年1月，日军入侵山海关，中国军民奋起反抗，史称"榆关抗战"，标志着"长城抗战"的开端。

1933年1月，日军占领了山海关。图为伪满洲国旗帜下的山海关

1933年1月4日，日军占领天下第一关

1933年1月3日，山海关南门被毁惨状

　　1932 年年末，独立步兵第 9 旅旅长兼临永警备司令何柱国在临榆（山海关）督战。临榆于 1933 年 1 月 3 日失陷。1 月 12 日，九门口失陷。

榆关（山海关）失守后，著名画家丰子恺作《关山月》

日伪学校中的日语教材读物

（二）文化侵蚀

日军侵占滦东后，在长城内外实行"奴化"统治。在长城以南的"冀东防共自治政府"统治地区，日伪政权制定各类"奴化"文化教育政策，并与军事、政治进攻密切配合，推行改化教育和反共以及各种欺骗宣传，企图达到其"掌握民心"的政治目的。

在长城以北的伪满洲国统治的青龙县区域内，日军一面实行屠杀与"集家并村"政策，一面进行更为露骨、毒辣的精神腐蚀。日军建立协和会，推行"日满协和""日满亲善"教育。利用各种形式，到各部落开展反动宣传。伪满洲国学校的思想侵蚀尤为严重。学校里悬挂日本国旗和伪满洲国国旗，学生唱日本国歌和伪满洲国国歌。在教学上，大肆充斥"奴化"内容，大量增加日语授课时间。每日课前，要集体背诵"国民训"，还要向天皇"遥拜"，向在侵华战争中残废的日军默哀，并由校长、主任大讲"一德一心""共存共荣"等谬论。

日军在山海关强制设立小学，推行殖民教育

秦皇岛新民佛教会和秦皇岛佛教居士林是日军在滦东较早成立的日伪组织。该组织打着"信佛念经"的旗号，为日军搜集情报，毒害大众

二、星星之火

滦东早期抗战文化：抗日战争爆发后，深受中国共产党影响的左翼作家创作了大量与滦东息息相关的爱国文艺作品。九一八事变后，东北军民流亡入关，滦东民众最先听到《松花江上》《流亡曲》等流亡者的歌声。1933 年，长城抗战从山海关打响，东北军在滦东浴血阻击日军。二十九军的《大刀进行曲》最早闻声于喜峰口、冷口、界岭口等滦东长城各关口。此时此刻，东北义勇军、东北抗日联军也正在白山黑水间坚持抗战，长城内外的民众唱遍"把我们的血肉筑成我们新的长城"。有了这些根植群众的作品基础，文艺工作才能在滦东抗战与革命中发挥更大作用，群众的抗战热情才会在中国共产党的引导下爆发。

二十九军大刀队战士

二十九军大刀队战士

流亡三部曲之《松花江上》

麦新创作的《大刀进行曲》手迹。滦东的董家口、界岭口、冷口、喜峰口是二十九军长城抗战的主要阵地

舞台艺术片《东方红》中《松花江上》的演唱者张满燕

（一）冀东大暴动

1938 年 7 月，中国共产党领导的冀东大暴动爆发，起义浪潮很快波及包括昌黎、卢龙、青龙、抚宁等滦东多县在内的 20 多个县，参加起义的人数达 20 余万人，抗日联军发展到 7 万余人，其他抗日武装近 3 万人。

李运昌（1908—2008），冀东人民武装大暴动的主要领导者之一，冀东根据地的创建者之一。新中国成立后，历任中央人民政府政务院交通部党组书记、常务副部长，中共中央监察委员会常务委员（专职），国务院司法部第一副部长等职。他还是李大钊研究会名誉会长，原中共中央顾问委员会委员，司法部原党组成员、副部长（正部长级）。

李运昌

（二）滦东起义

1938 年 1 月 7 日，华北人民抗日联军冀东第一游击支队司令员王平陆，率队夜袭青龙县清河沿敌伪警防所，不幸负伤牺牲。冀东《子弟兵报》载文纪念王平陆，高度评价他打响了"冀东人民向日寇汉奸开火的第一枪"，这"一枪""形成了当年 7 月冀东人民抗日大暴动的序幕，而王平

王平陆(1902—1938)，1932年2月加入中国共产党，曾任中共迁安县委书记，京东特委委员，冀热边特委书记、军事部长和华北人民抗日自卫会冀东分会常委等职。1938年1月7日，率队攻打青龙县清河沿敌伪警防所时负重伤，翌日牺牲。

陆是当时的揭幕人"。1938 年 6 月下旬，中共冀热边特委召开武装暴动预备会议。在中国共产党的影响下，7 月 13 日高敬之在卢龙县举行农民暴动，并攻占县城。同年 7 月 15 日，抚宁县 140 多名教员、店员、手工业者和农民在茹古香的组织下，举行七家寨暴动，占领台营镇，队伍组建临抚抗日游击大队，后编入八路军主力部队。7 月 16 日，张其羽在昌黎县赤崖举行暴动，竖起抗日大旗，后组建华北抗日联军昌黎支队。

1938 年 7 月 16 日，张其羽在昌黎县赤崖举行暴动。图为昌黎县赤崖抗日暴动旧址

张其羽（1905—1940），昌黎县第一个中共党员，赤崖暴动的组织者。1939年2月，华北抗日联军第3军分区昌（黎）乐（亭）办事处成立，张其羽担任主任。东进途中，与大队日伪军遭遇，张其羽为掩护部队安全转移，弹尽力绝，壮烈牺牲。

茹古香（1914—1990）出生在河北抚宁县农村，抗日战争爆发后茹古香回到家乡，投入抗日救亡运动中去。1938年7月，茹古香参加并组织发动了抚宁县台头营子和七家寨乡的民团暴动，举起抗日的旗帜。他被推举为抗日游击大队副大队长。新中国成立后，任辽宁中医学院院长兼学院党委副书记等职务。

冀东大暴动部队向敌后挺进

（三）冀东大暴动时期的文艺工作

1938年至1942年是冀东抗日战争最艰苦的阶段。这个时期在抗日军民中传唱着许多首抗战歌曲，但多为战士们自发传唱，从组织与内容上，都不能满足抗日部队的需要。1938年冀东暴动部队，因没有适合当时形势的歌曲，曾唱《三国战将勇》《满江红》以及《射击军纪》等旧军歌；有的暴动部队因有红军骨干，也教了几首《三大纪律八项注意》等红军歌曲；参加暴动的学生则唱《松花江上》等抗日歌曲；山海关人阮务德创作了冀东第一首原创抗日歌曲《扩军歌》。

阮务德（1914—1938），秦皇岛市山海关人，1933年就读于天津法商学院。他积极投入抗日救亡活动，在一二·九运动中，为天津学联负责人之一，后加入中国共产党。1938 年 10 月，阮务德时任冀东抗日联军第二十三总队政治部主任，在滦县被日伪军包围，于激战中牺牲。2015 年 8 月，名列第二批 600 名著名抗日英烈和英雄群体名录。

阮务德

扩军歌

老乡们，听我言，人穷胆大志不短；

不怕死，当好汉，跟着联军去造反。

老乡们，听我劝，拿起梭镖保家园；

打日寇，斗汉奸，当家作主建政权。

冀东部队开辟敌后根据地后，为了向群众宣传抗日、鼓舞士气，1939 年年底，冀东军分区第十二团、十三团先后组建宣传队，这两支宣传队就是冀东部队多个文工团，与唐山、秦皇岛等市解放战争时组建的宣传队伍的前身。宣传队以从晋察冀军区派来冀东的文艺干部为骨干，动员吸收青年学生参加，每队编制 12 人。他们一方面用各种文艺形式，宣传动员群众抗日救国；一方面鼓舞部队勇敢作战杀敌，兼做战勤工作。这两支精干的文艺队伍，随部队转战游击于滦东的迁（安）青（龙）兴（隆）昌（黎）滦（县）乐（亭）等广大地区。

两支文艺队伍利用群众喜闻乐见、易于普及的双簧、快板等文艺形式，经常编演一些小节目，为部队和群众演出。也正是因为这样的文艺形式，使这一时期的冀东地区文艺工作专业性较差，但参与度高。当宣传队演出时，一些喜爱文艺的战士、干部、群众也来参加，形成了军民同乐、官兵同乐、活跃热烈的文化生活气氛。

1939 年冬，一位来自北平的大学生，十三团总支书记娄平，在长城外的"无人区"，目睹人民群众无家可归的惨状，悲愤难当而写下《寒夜曲》：

雪盖满山冈，

西风吹来透骨凉。

鬼子烧了住房，

数九里露天的寒夜难搪。

吃穿用都葬送在火场，

肚子饿得难当，

扒一把米炭且充饥肠。

说什么并乡！

中国人的死活，哪干鬼子半寸心肠！

泪眼望着火场，

热泪流在白须上成冰桩。

哪里还有家乡？

哪里再找住房？

今夜，且在这草堆上睡一场，

且在这草堆上睡一场。

娄平（1917—2000），祖籍浙江绍兴，1936年加入中国共产党，早年投身抗日救亡运动，曾任中共北平城委书记、冀东八路军科长、教导员、党总支书记、团政委，是冀东抗日名将包森烈士的亲密战友。新中国成立后，娄平历任察哈尔省教育厅副厅长、张家口市委副书记、河北省教育厅副厅长、南开大学党委副书记和副校长等职。

《参军歌》《叫老乡》也是冀东八路军十二团、十三团较为熟悉的歌曲。歌曲旋律与歌词简单、通俗，主要作用是动员群众参军。

娄平

参军歌

石榴花开一枝红，二十青年去当兵。一杯茶敬我的妈，儿去当兵为国家。

二杯茶敬我的妻，夫去当兵别哭泣。三杯茶敬我的妹，哥去当兵陪嫂睡。

叫老乡

叫老乡，你快去把战场上，快去把兵当，莫等到日本鬼子来到家乡，老婆孩子遭了殃，你才去把兵当。

你不要说，日本鬼子难找我，我就享快活。你不当兵，我不出钱，想着法儿躲，没人打仗亡了国，我看你怎么活。

你不要说，谁来给谁的粮，拿粮自在王。日本鬼子奸淫烧杀，还要抢掠，一家大小杀个光，我的好老乡！

三、 两支军队

（一）滦东抗日游击根据地的建立

1942年，曾克林团长率冀东十二团迅速东渡滦河，在长城内外、铁路南北、山区平原开展游击作战，寻机歼灭日军有生力量，开辟和建立了滦东抗日游击根据地。

跨越滦河，兵进滦东，是险棋，也是杀招。根据地在昌黎至山海关一线布局，使得冀东子弟兵有了更大的回旋空间，进可越长城，收复东北三省；退可游击作战，确保根据地基本区安全。

在滦东的战斗不光是单纯地打据点、拔钉子，消灭日军的军事力量，更是焕发民族精神，教育群众，组织群众，从意识上改造群众的价值观之战。"第二战场"没有硝烟，人心向背，影响更为深远。

（二）凌青绥根据地的建立

1942年春，根据中共中央关于加强东北工作的战略方针，成立了冀东东北工作委员会。主要任务是突破长城防线，向东北开展工作，配合反攻。同年12月，东北工作委员会开辟凌青绥地区，成立临抚凌青绥联合县工作委员会和办事处。1943年冬，凌青绥工作委员会将工作重点转入"人圈"内，争取敌伪中下层人员为我党工作，派出武工队员进入"人圈"宣传教育群众。此外，还领导广大群众坚持"无人区"的反"扫荡"、反"清剿"的斗争，沉重地打击了日伪的嚣张气焰。

1942—1943 年，日军在迁安、卢龙地区修建上百个碉堡。图为日军碉堡被我冀东战士攻破

八路军向山区挺进，解放大面积区域，受到群众欢迎

军民鱼水情，孩子们喜欢和八路军叔叔在一起

延安文艺座谈会：1942 年 5 月 2 日，中共中央宣传部在延安杨家岭召开文艺座谈会，出席的作家、艺术家及文艺工作者共 80 余人。5 月 23 日，在延安文艺座谈会上，毛泽东发表了《在延安文艺座谈会上的讲话》。《在延安文艺座谈会上的讲话》是对五四以来中国新文化运动的经验和教训的总结，它联系延安和各抗日根据地文艺界存在的问题，提出了中国共产党解决这一系列问题的理论和政策。

冀东抗日根据地地处伪满洲国与"冀东防共自治政府"的统治交错地带，冀东大暴动失败后，大片基本区又遭到日军多次"治安强化运动"的袭扰。在这样的恶劣条件下，许多同志认为冀东的人民军队与民主政权没有精力与必要建立文艺团体，甚至认为即使建立了文艺团体也坚持不了文艺活动。

延安文艺座谈会的胜利召开，明确了中国人民解放的斗争有"文武两个战线，这就是文化战线和军事战线"。滦东文艺战线的建立与发展具备了理论依据。如果说 1942 年的延安文艺座谈会对敌后根据地的文艺工作起到了引领和促进作用，那么对同年开辟的滦东抗日根据地文艺工作则有着"从无到有"的关键性意义。

《在延安文艺座谈会上的讲话》是毛泽东于 1942 年 5 月 2 日和 5 月 23 日在延安杨家岭召开的文艺座谈会上发表的两次讲话，它系统地总结了五四以来革命文艺运动的经验，回答了中国革命文艺运动中长期争论的一系列根本性的问题，阐明了马克思主义的文艺理论和党的文艺路线，指明了革命文艺为工农兵服务的根本方向。

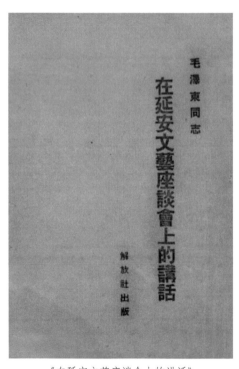

《在延安文艺座谈会上的讲话》

最早活动于滦东的文艺团体——尖兵剧社：冀东根据地建立后，我党冀东部队虽然建立了宣传队，但其工作比较繁杂，每个宣传队员都是多面手。从战争动员到文字撰写再到敌后宣传，宣传队几乎全能地承担起所有任务。反观文艺工作，一个偌大的根据地却拉不出一支专业、固定的演出团体。此时，其他根据地的文艺工作正如火如荼地开展，而敌后最前沿的冀东，最需要革命歌声鼓舞的地方，却连一首脍炙人口的原创歌曲都没有。

随着《在延安文艺座谈会上的讲话》发表，冀东根据地对文艺工作的认识清晰了，才诞生了第一个专业的文艺团体——尖兵剧社。该剧社于 1943 年挺进滦东，播撒抗战文艺的"火种"。

在离抗日战争胜利只剩一个多月的时候，冀东军区副参谋长才山、尖兵剧社社长黄天、音乐队队长今歌等五位战士牺牲在遵化杨家峪。另有四位同志被俘，一位同志负伤。一下子损失了十位同志，意味着尖兵剧社在冀东军区十五军分区的同志被全部打光了，整个尖兵剧社失去了四分之一的同志。这些同志不乏开辟过滦东文艺战线的老领导、老师与骨干。在整个文化战线上，一下损失这么多同志，在冀热辽异常残酷的抗战中，也是唯一的一次。

黄天

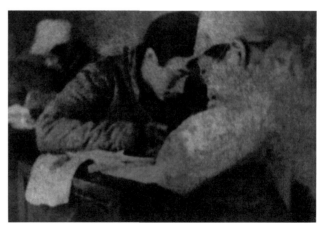

在冀东游击区，尖兵剧社社长黄天（左一）与刘大为（中）、安靖（右）一起工作。照片拍摄于 1943—1944 年间。

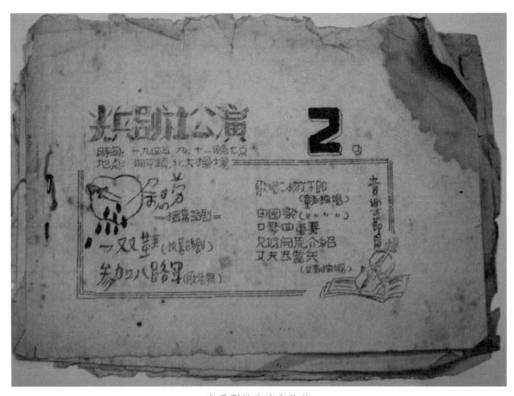

尖兵剧社公演宣传单

尖兵剧社演出掠影

尖兵剧社杂志《一年》

《尖兵剧社社歌》：我们是年轻的文艺战士，挺进在祖国边疆。在那里不管敌人怎样疯狂，我们勇敢地投向抗日战场。把新民主主义的艺术，刺向敌人的胸膛；把新民主主义的艺术，垦植在连队和村庄。像滦河两岸的松涛，像渤海翻腾的巨浪，越过冀热辽的平原山冈，震响在万里长城上。我们苦战！我们欢唱！在工农兵的队伍里茁壮成长！

　　"冀东文艺三剑客"在滦东文化阵地：管桦、刘大为、黄河的家庭情缘始于炮火硝烟的战争年代，这三个家庭历尽艰辛，生死与共，新中国成立后仍如同至亲，几十年来产生了许多感人而有趣的故事。数十年后，人们为了纪念三人为革命时期文艺事业作出的贡献，为他们起了一个"冀东文艺三剑客"的绰号，这个绰号既包含了三人深厚的革命友谊，又恰当地说明了他们在冀东文艺工作中的重要地位。

　　1944年春，尖兵剧社派管桦、黄河、刘大为等人到昌黎路南地区开展革命文艺工作，常驻在苟家套村。几人生活在一起，战斗在一起，共同从事文艺创作。他们一起写歌、写诗、编剧，成绩显著。他们用革命文艺向群众宣传抗日，协助建立村剧团，召开教师座谈会，给学生讲抗日课，教唱抗日歌曲，通过文艺活动，激励了很多教师和具有爱国主义思想的年轻人奋起抗日。同时，他们还自办《大众报》，以此鼓励民众与日本侵略者抗争。

冀东大暴动时期的刘大为同志

刘大为和黄河同志在滦东合影

"冀东文艺三剑客"与小提琴手

抗日战争初期，八路军冀东军分区部分政治工作者合影

　　包括军分区政治部主任刘诚光、十二团政委曾辉等老红军在内，照片上的大部分同志，已经光荣地牺牲在冀东抗日战场。照片摄影者、诗人雷烨也牺牲在晋察冀边区。抗日战争胜利后，照片里的政治工作者中只有杨春垠与刘大为健在。

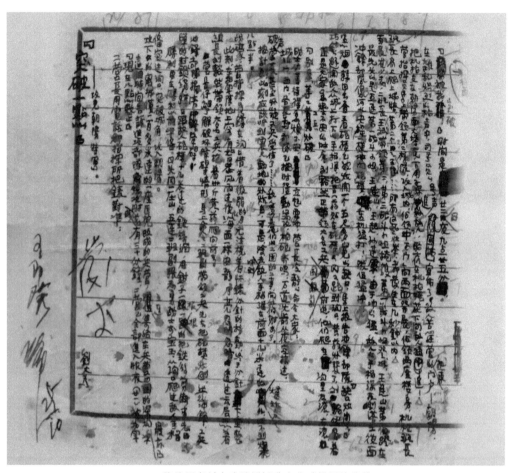

战地记者刘大为随军挺进东北时撰写的稿件

黄宗江、杨星火、刘大为等人合影

刘大为与郭沫若合影

刘大为在纪念延安文艺座谈会40周年纪念会上

第一批挺进滦东的文化战士，《大众报》编辑刘大为、张鸿斌合影

曾在滦东一同抗日的刘大为、王维汉同志合影

抗日战争胜利40年后刘大为回到游击作战的昌黎碣石山

20世纪90年代初，在昌黎苟家套村，《大众报》编辑刘大为、董晓华、张瑞与老房东合影。摄影者：董宝瑞

刘大为、管桦在滦东长城上共同回忆抗日战争的故事

管桦创作的著名小说《小英雄雨来》。那句不止激励过一代人的名言警句"我们是中国人，我们热爱自己的祖国！"出自中篇小说《小英雄雨来》

"思源瓢饮长城山泉，忆往不忘十四年抗战"，管桦重回冀东老区

1944年正月，尖兵剧社的管桦同刘大为、李碧冰、王世昌四人组成文工组，到北宁路南的昌黎赤崖一带活动。其主要任务是出版《大众报》，配合抗日武装开展

宣传。当时，昌黎抗日民主政府在赤崖小学原址建立抗日中学，并委托管桦编写语文课本。管桦夜晚编写《大众报》的稿件，白天编写语文教材，创作了以"我们是中国人，我们热爱自己的祖国！"这句名言为核心的爱国小故事，这就是《小英雄雨来》的最初蓝本。

管桦作品《竹》。文学创作之余，管桦喜欢绘画，尤其喜欢画竹。他欣赏竹子那种自然清丽、拔节上长的风韵。管桦的竹干粗，无节，也因此被战友们亲切地称为"管大竹"

管桦一生作品良多，他讴歌抗战、讴歌胜利、讴歌正义，也赞美生命、赞美孩子、赞美幸福。他是坚定的革命者，是战士，是编辑、作家、艺术家，也是一名浪漫的诗人。

管桦的作品广泛存在于文学、书画、曲艺等各个专业领域，人们可能不记得他的名字，但其作品却被大众熟知。即使对他毫不了解的人，都听过那首动人的歌曲《我们的田野》：

我们的田野，

美丽的田野，

碧绿的河水，

流过无边的稻田。

无边的稻田，

好像起伏的海面。

平静的湖中，

开满了荷花，

金色的鲤鱼，

长得多么地肥大。

湖边的芦苇中，

藏着成群的野鸭。

风吹着森林，

雷一样的轰响，

伐木的工人，

请出一棵棵大树。

去建造楼房，

去建造矿山和工厂。

森林的背后，

有浅蓝色的群山，

在那些山里，

有野鹿和山羊。

人们在勘测，

那里埋藏着多少宝藏。

高高的天空，

雄鹰在飞翔，

好像在守卫，

辽阔美丽的土地。

一会儿在草原，

一会儿又向森林飞去。

"三剑客"中的黄河参加革命最早。他在冀东文艺工作者中地位特殊，既是尖兵剧社音乐队队长，名列"三剑客"，又跻身"乐坛四杰"。他所谱曲的《唱苏河》《我们的旗帜到处飘扬》《拥军爱民对唱》《庆祝党的二十五周年》等歌曲成为那个年代的经典作品，至今被人传唱。

黄河慧眼识阎肃，也是中国文艺界的一桩美谈。1958 年，中共八大二次会议制定了社会主义建设总路线。6 月 4 日，《人民空军》发表了阎肃作词，黄河、黄歌作曲的歌曲《把总路线的红旗插遍全中国》。

2012年4月，黄河与世长辞。告别仪式中，白发苍苍的阎肃携夫人一早来到现场。正是在黄河的指引下，阎肃走上了创作的道路。阎肃回忆："黄河不打官腔，让人感觉没有距离。待人特别亲切，并且关心下属。在担任空政文工团团长期间，空政诞生了大量优秀作品，歌剧《江姐》就是在他指导下完成的。同时，他是一位书法家，生前最喜欢写的字是'真水无香'。人如其字，朴实无华，做人做事非常认真，就像水一样清。"

1946年，尖兵剧社周方、黄河、郭东俊、耿介、管桦合影

1946年，周方与黄河合影

除了"三剑客"，冀东文艺界还有"乐坛四杰"之说。分别是《歌唱二小放牛郎》的作曲人，冀东军区文工团团长李劫夫；《我们的旗帜到处飘扬》的作曲人，音乐队队长黄河；《歌唱毛主席》的作曲人，音乐教员耿介；还有音乐教员周方，同志们亲切地叫他"周教员"。周方是燕京大学音乐系毕业生，指挥过交响乐，精通西方音乐，一首《朱总司令下命令》响彻燕山渤海、长城内外，连村庄里10余岁的孩子都耳熟能详。

周方原名邓映时，而周芳是其妻子的名字。邓映时参加八路军后，与妻子有两年的分隔，他时刻准备牺牲，又日夜思念珍爱的妻子，于是改用妻子的名字周方。之后，妻子也参军了，改名方怡，取意"当了八路才高兴"。

1948 年，周方与方怡在北平合影

1950 年，南下的宣传队员们在衡阳留影，从左至右分别为李英华、陈述、纪良、周方、耿介、张瑞。

冀东乐坛四杰之一的耿介原名董化羽，是尖兵剧社的音乐、美术教员。1936 年毕业于北平美术专科学校西洋画系。他酷爱中国民族音乐，有很好的提琴演奏技艺，创作的歌曲和歌剧在抗日战争中的冀东地区广为流传。

冀东乐坛四杰之一的李劫夫成名较早，创作的《歌唱二小放牛郎》《王禾小唱》和《狼牙山五壮士》等，尤其受到群众与部队的喜爱。李劫夫与滦东有不解之缘，来到冀东后，任冀东文工团团长，曾于滦东转战，创作了许多有代表意义的文艺作品。他的妻子张洛就出生在滦东的昌黎县。随大军出关后，任沈阳音乐学院院长的李劫夫创作了经典的《我们走在大路上》。

1997年庆祝香港回归的音乐大会上，数万名群众齐声高歌《我们走在大路上》。

1999年国庆节，在天安门广场举行的盛大阅兵式上，展示20世纪60年代成果的方队经过广场时，伴随着前进步伐的便是雄壮高昂的《我们走在大路上》乐曲。

2019年6月，李劫夫谱写的歌曲《我们走在大路上》入选中宣部"庆祝中华人民共和国成立70周年优秀歌曲100首"。

李劫夫与妻子张洛同孩子们的合影

李劫夫

《歌唱二小放牛郎》绘画

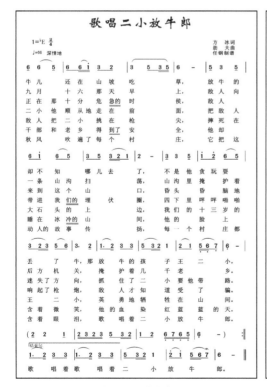

《歌唱二小放牛郎》

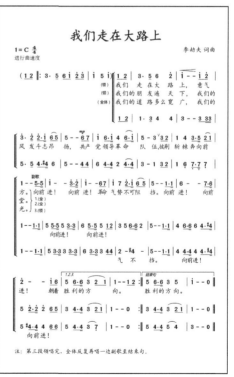

《我们走在大路上》

四、 文艺长城

前锋剧社当前锋：前锋剧社是我军活动在滦东地区的重要宣传力量。该剧社于 1945 年 1 月成立，脱胎于冀东十二团宣传队，承担了冀热辽十六军分区的文艺演出、政策宣传、群众动员等主要工作。1945 年 8 月，前锋剧社随冀热辽十二团、十八团出关，先后参与解放山海关、大连、沈阳、本溪、临江、安东等地的战斗，并起到重要作用。

秦兴汉

十二团文工团（前锋剧社）在昌黎碣石山留影

　　秦兴汉，1925 年生于卢龙县花台西庄。在抗日战争时期，曾任十二团宣传队分队长、十六军分区前锋剧社音乐队队长，参加过光复山海关战斗，之后随部队挺进东北。新中国成立后，曾担任谭政将军的秘书、北京市财贸组副组长兼财贸部副部长等职。1978 年调回部队工作，任中国人民革命军事博物馆馆长。

　　1944 年夏季，冀热辽军区政治部尖兵剧社到昌黎、滦县、乐亭渤海之滨与十二团宣传队一起进行文艺演出。照片保存者：十二团前锋剧社音乐队队长秦兴汉

　　前锋剧社在滦东部队出关的过程中起到重要作用。在滦东十六军分区司令曾克林、副政委唐凯的带领下，滦东十二团、十八团率先从九门口出关。在绥中前所车站，和苏联红军一个装备精良的侦察队碰了面。双方无法交流。苏联的汉语翻译是蒙古人，我军的俄语翻译来自海参崴。面对苏军近距离内八二迫击炮、三七平射炮，以及三十余支冲锋枪、机枪的逼指，十六军分区的指战员都感到了压力。

曾克林（1913—2007），原名曾忠炳，江西兴国人。1929年10月参加革命。1931年2月加入中国共产党。后任冀热辽军区第十六军分区司令员。参与指导冀东，特别是滦河以东地区抗日根据地的斗争，巩固扩大了冀东抗日根据地。1945年8月25日，他率领第十二、十八两个团率先出关，挺进东北。

唐凯（1916—1999），湖北黄陂人。1931年加入中国共产党，曾任冀热辽军区第十六军分区副政委等职。1945年奉命进军东北。

　　副政委唐凯露出手臂上的斧头镰刀文身，并让秦兴汉指挥宣传队带领全体官兵高声唱起《国际歌》。歌声响起，虽然中文歌词苏联红军听不明白，但这熟悉的旋律显然消除了语言的隔阂。知道彼此都是布尔什维克的同志，大家激动地拥抱在了一起。中苏军队汇合后，解放了山海关，前锋剧社也参加了解放山海关的战斗。

　　海滨剧社：从1942年起，北宁路南的各县在冀东部队的配合下，相继建立起村、区、县和专署各级抗日民主政权。在军事上，由两三个主力连队，扩展为七八个连队，后整合成为一区队。1944年秋，在一区队的基础上，正式建立第十七军分区（日本投降后改为冀东军区第十三军分区），属冀热辽军区。李雪瑞任军分区司令员，曾辉任副政委兼政治部主任，肖全夫任参谋长，王功贵任政治部副主任。按照军分区一级的建制，在政治部内应有一个专业文艺团体，于是"海滨剧社"便应运而生了。

1989年，朱燕同志回忆手写《滦河谣》。朱燕是活跃在滦东的七月剧社、海滨剧社、路南文工团的重要奠基人和优秀指导。新中国成立后，历任秦皇岛市文工团的社长、队长、团长。

海滨剧社的前身是滦东七月剧社。一些滦东地区的抗日民主政权与民主团体组织的业余剧社，其专业水平虽然不如专业剧社，但对弘扬革命思想、振奋抗战精神同样起到了重要作用。所有业余剧社中，以1944年昌（黎）乐（亭）联合县成立的七月剧社最为出名。参与者多为何新庄小学、小滩小学、抗日中学等中小学师生和一些在乡知识分子。

七月剧社社歌

起来，起来！

坚决抗战！

宁为烈士死，

不做懦夫全。

……

拿起我们的艺术武器，

战斗在渤海之滨。

驱散法西斯的乌云，

迎接新中国的黎明。

……

剧社成立时一穷二白，军分区既没有钱财，也没有粮食，甚至连乐器都凑不全，只得到一条珍贵的"红军的皮带"。这是一个红军老连长长征时留下的。那时同志们吃光了粮食，吃光了野菜、草根、树皮，甚至把大家的皮带都煮了分食。但濒临绝境的同志们硬是留下了一条皮带，扎在指导员曾辉腰上。这是因为指导员是党代表，大家坚信跟着党必定胜利。

1945年1月4日，军区调曾辉前往冀东铁路沿线以南的第十七军分区任副政委。

剧社成立那天，曾辉扎着这条皮带出现在剧社同志们的面前，他将这条皮带庄重地交给了剧社。

秦皇岛市解放后，海滨剧社随部队进驻，组建了秦皇岛第一个文艺团体——秦皇岛市文工团。一条凝聚着长征精神与延安精神的皮带，成为秦皇岛文化工作起步时的所有家当与"坚定信仰，艰苦奋斗，舍生忘死，不怕牺牲"的精神象征。

海滨剧社成员合影

曾辉（1906—1947），1930 年参加红军，经
历长征后，到延安抗大学习。1940 年 1 月，任冀东
军分区十二团政治处主任。1942 年 8 月，十二团开
始执行开辟滦东的任务。曾辉率领一营首先开进滦
东。1945 年，曾辉担任冀热辽军区第十七军分区副
政委。1947 年，曾辉在作战中牺牲。

曾辉

五、 光影战场

反侵略战场不单是拯救民族危亡的最前线，也是艺术家战斗的最前线、艺术创
作的最前线。然而，在滦东的特殊"战场"，爱国的摄影师们几乎是"被迫应战"。
在日军侵华前的半个世纪，滦东地区留存的所有照片，几乎都是由外国侵略者、传
教士、学者、旅行者所拍摄的。日军在滦东的罪行累累，却鲜见揭露日军侵略与展
示我国军民反抗精神的照片。直到 20 世纪 40 年代，抗战相持阶段，晋察冀画报社
先后派遣雷烨、罗光达、齐观山、张进学等多批摄影家挺进冀东与滦东地区，滦东
军民英勇抵抗日军侵略的影像才得以保存下来。

这些艺术家都是年轻的，他们在二十岁甚至是十几岁时，就拍摄出了一生中最
好的部分作品。这不单来自个人的天赋和才华，也来自每个人都努力地战斗和生活
的奋发昂扬的精神状态。时代的氛围已经将个体的艺术成就托举起来。

（一）方寸间的山河——红色摄影家雷烨

雷烨是浙江金华人，1937 年抗日战争全面爆发后，他奔赴陕北参加革命。他是
延安抗日军政大学第四期学员，善写作，兼任多个报刊的特约记者和特约通讯员。
1939 年，雷烨深入敌后冀热边境，在极端困难的环境中从事新闻工作。

秦皇岛、唐山、承德地区留存的抗战时期影像中很大一部分都是雷烨拍摄的。
1942 年他在滦河的渡船上拍摄的《滦河晓渡》，用相机记录了十二团渡过滦河开辟
滦东根据地的史实。在长城以北的青龙山林中，雷烨拍摄了纪律严明的八路军部队
在山间穿行的情景和在青龙河一带发动群众、克敌制胜的故事。这些作品的思想性、
艺术性兼优，深受群众喜爱，被认为是我国抗日战争时期的摄影佳作之一，至今仍
经常被画刊或展览会所采用。

《滦河晓渡》（雷烨摄）

晋察冀边区有两名名列"20世纪世界110名杰出战地记者"的八路军战士，分别是雷烨和沙飞。1942年冬，雷烨被选为晋察冀边区第一届参议会的参议员，带着照相机和所拍摄的材料，从冀东来到冀西抗日根据地。雷烨将拍摄的照片送往晋察冀画报社。报社主任沙飞准备将照片发在画报上，并留住了雷烨，希望他在报社将自己的照片整理出来。

1943年4月20日，雷烨在河北省平山县曹家庄撰写照片说明时，遭遇日军包围。紧急情况下，他用手枪掩护警卫员突围，终因寡不敌众，身负重伤。面对蜂拥而上的日军，雷烨把随身携带的照相机、手表、自来水笔等珍贵物品全部砸碎，然后用枪膛里的最后一颗子弹射向自己。雷烨牺牲时只有29岁。

著名电影表演艺术家田华有生以来的第一张照片就是与雷烨的合影。该照片1942年底摄于平山县碾盘沟村，与两位摄影家都有着密切的关系：第一位是沙飞，也就是照片的拍摄者；第二位就是雷烨，他的盛情相邀使12岁的田华的形象首次被定格在胶片上。

摄影记者雷烨（右）与抗敌剧社小演员田华（左）

（二）画报社指导员赵烈的牺牲

雷烨总是将那本最珍贵的相册随身携带。他遇难后，战友们从他身上找到那本带血的相册。晋察冀画报社指导员赵烈在雷烨牺牲后将相册收藏起来，并在上面写了这样的话：

"在这个册子上面，有你和暴敌遭遇决然自杀时所流下的血迹斑斑，当我每次翻开它，看到那已经变成紫黑色的血迹……你那年轻智慧的脸颜，沉毅而和蔼的神色，清晰而响亮的声音……都一一浮现在我的眼前。我抚摸着你那已经消失了温暖和热气的血迹……我就拿你这遗物作为对你不可磨灭的永恒的记忆的纪念品吧。"

但几个月后，赵烈也为保卫相册而牺牲了。

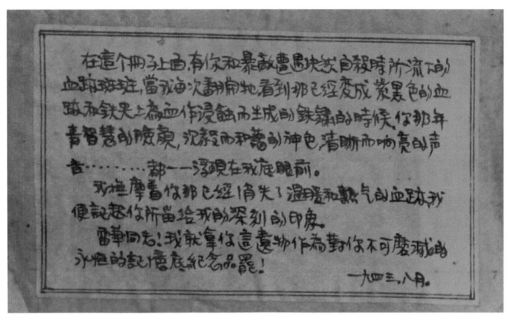

雷烨与赵烈两位烈士的鲜血染红了相册。画报编辑章文龙为此特写了一首挽歌

（三）《歌手》——悼念我们的政治指导员赵烈同志

章文龙说："昨天，黄昏时分，我们散落在院子里，我们又唱歌了。一个起头，大家都放开了喉咙……当我们唱到《光荣牺牲》的时候，我们心里涌出一种说不出的滋味。这支歌，原来为了悼念雷烨，他教给我们的；现在我们唱起来，竟是悼念他，我们的歌手了。"

1943年12月，日军在"扫荡"中突袭画报社所在的平山县上庄村。沙飞等报社负责人冒死组织大家坚壁设备，转移底片，雷烨留下的照片又奇迹般地留存下来，但画报社却付出了巨大牺牲。

雷烨牺牲后不久，刊登他拍摄的51张照片的《晋察冀画报》第三期出版了，他辛苦拍摄、舍命保护的作品展现在广大读者面前，而雷烨和许多同志已经不能亲眼看到它了。为了悼念这位忠实的革命战友、出色的摄影家，《晋察冀画报》就在这一期里增辟专页，并刊登了雷烨同志的遗作《滦河曲》（诗）、《我们怎样收复了塞外的乡村》（报告文学），作为永恒的纪念。

滦河曲

雷烨 词 劫夫 曲

滦河的流水唱着歌，

歌声赞美着子弟兵。

子弟兵的青春——

好像河边的青松林。

滦河的流水含砂金，

金子好比是子弟兵的心。

滦河的流水向渤海，

渤海岸上生长子弟兵。

滦河流水发源长城外，

子弟兵回旋喀喇沁。

滦河的流水涌浮着死尸，

松林里的人民热爱子弟兵。

子弟兵，像飞鹰，

回旋在家乡河流上，

松林里的人民是好母亲。

青春的鹰！

勇敢的鹰！

冀东年轻的子弟兵！

齐观山

（四）风雨际会观河山——齐观山在热南

在筹备出版画报的这段时间里，同志们兵分两路。罗光达来到昌黎、乐亭沿海，而齐观山、张进学等则来到长城外的热南"无人区"，为后世留下了许多热南地区抗战军民战斗、生活的照片。至今为止，在中国档案馆中仅存有两张反映抗战时期八路军战士在"无人区"的摄影作品。这两张珍贵的历史照片真实地再现了八路军战士在日军制造的"无人区"里度过的残酷岁月。其中最著名的一张叫作《战斗在冀东古长城一带的八路军战士靠吃炒米、野菜坚持抗日斗争》，这是齐观山最早的作品之一。在拍这张照片时，齐观山还不满二十岁。

齐观山（1925—1969），摄影家。直隶（今河北）平山人。1939年参加八路军。1941年进入晋察冀军区政治部摄影训练队学习。同年加入中国共产党。曾拍摄大量有历史文献价值的照片。

（五）罗光达的滦东奇遇

雷烨牺牲后，晋察冀画报社相继派遣张进学、陈明才等前往冀东。1943年，晋察冀画报社又先后派齐观山、申曙、于舒、钱义等前往冀东，以扩大冀东的摄影队伍，加强新闻摄影工作。

为了加强"国防最前线"的新闻摄影工作，军区决定成立晋察冀画报社冀热分社，并任命罗光达为分社主任。画报社兵分两路。齐观山、张进学、申曙、钱义到长城外"无人区"敌人制造"人圈"的地区，随同小部队或地方工作人员，收集八路军挺进塞外，解放"人圈"收复失地，以及热南、辽西人民积极参加抗日斗争的英勇事迹；罗光达来到昌黎、乐亭沿海，北宁路以南地区，采访拍摄渤海边军民坚持斗争在新解放区，保卫祖国的沿海和渔民、盐民的生活和营救美军飞行员等情景。

罗光达，浙江省吴兴县人。1936年，积极参加上海文化界救国会的抗日救亡运动。

抗日战争全面爆发后，他加入了文化界抗日救亡协会，组织东屡浦住户互助会、歌咏队、读书会等抗日救亡团体。上海失陷后，他辗转到革命圣地延安，并于1938年7月加入中国共产党。聂荣臻司令员安排他与沙飞结伴在晋察冀军区司令部担任随军新闻摄影记者。1942年5月，晋察冀画报社宣告成立，他被任命为副社长。1943年7月，边区政府成立晋察冀出版社，调他任社长。1944年6月，他奉命带队去冀东筹办晋察冀画报社冀热分社，被任命为社长。

1943年1月，罗光达、沙飞、石少华等合影

1943年7月7日，沙飞与罗光达临别前，在阜平县上庄村合影

1944年，战斗在渤海之滨的八路军战士（摄影者：罗光达）

"七月二十一，掉下个大飞机，大家哈哈笑，一看还是美国的。"这首几十年前流传在昌黎县南部乡村的童谣，唱的就是昌黎抗日军民在 1944 年 9 月 8 日营救 7 名美国盟军飞行员的事情。获救的美国盟军飞行员受到了团长曾克林等八路军干部、战士的热情接待，作为《晋察冀画报》记者的罗光达对他们进行了采访，拍摄了八路军与美国盟军飞行员在一起相聚的照片。下面这张珍贵的照片就展示了，罗光达在一侧，杨教员蹲在地上写英文、与获救的美国盟军飞行员交流的场景。

1944 年，我冀东八路军开辟和扩大昌黎、滦县、乐亭新解放区。突围守望在昌黎沿海沙丘海边上的哨兵。（摄影者：罗光达）

1944 年 9 月，美国盟军的 42-6234 号 B-29 型远程轰炸机在昌黎七里海失事。图为冀热辽军区特派记者罗光达（左一）采访，我八路军杨教员蹲在地上与获救的飞行员用笔交谈。

1944 年，美军飞行员与八路军进行篮球比赛

（六）不朽名作《解放山海关》的拍摄者张进学

长城代表中华民族，而天下第一关山海关则代表了长城。长城抗战就是在这里开始。日本占领东北后，"收复失地""打回老家去"就是跨过长城，冲出山海关。雷烨与沙飞约定一同拍摄八路军解放山海关的历史镜头。

雷烨牺牲后，冀东的诸多照片底片就存放在沙飞的手中。柏崖村突围，沙飞为了保护底片，跑掉了鞋和袜子，光着脚在山间雪路跑了十几里路，双脚被严重冻伤，肉都快被磨没了，只好放弃了亲自拍摄山海关的念头。

张进学是沙飞的得意门生，也是沙飞当时最信任的助手。

晋察冀调人支援冀热辽解放区，沙飞派张进学随队前往，沙飞对张进学说："那里环境艰苦，很需要人，你第一批去，你们将来是第一批打到鸭绿江边的，你们是尖兵，那儿有长城、山海关，环境最艰苦，军队和人民的斗争最英勇，你们要很好地把军民抗战的事记录

沙飞拍摄《晋察冀画报社美术编辑许群在张家口医院休息时看画报》，该期画报封面照片为张进学拍摄的八路军解放山海关

下来。"并且叮嘱说，一定要"把部队开进天下第一关山海关时的雄伟场面拍摄下来"。

沙飞将自己珍藏的白求恩大夫逝世前留给他的相机拿了出来，交给张进学："进学，相机和使命都托付给你了！"

1945年8月，在八路军开始大反攻时，张进学随所在部队日夜兼程赶到前线，用沙飞给他的相机拍下了这幅八路军战士穿过山海关城下的镜头。之后张进学将底片寄到晋察冀画报社，沙飞马上刊用了这张照片，并将其作为1945年12月出版的《晋察冀画报》第9、10期合刊本的封面。这幅作品后来被认为是"反映八路军军事胜利的重要摄影代表作之一"，多次被展览、发表。

解放山海关（摄影者：张进学）

结语

庆祝中国共产党成立 100 周年，是党和国家政治生活中的一件大事。举办"时代潮头 引吭高歌——新民主主义革命时期秦皇岛红色文化展"，是秦皇岛市庆祝建党 100 周年的重要活动之一。同时，这个展览又是秦皇岛市进行党史学习教育的重要载体之一。

展览反映了中国共产党不但重视领导军事抗战，更重视领导文化战线、凝聚民族精神。中国共产党领导下的军队与人民以高昂的爱国主义热情宣传和推动抗战，成为鼓舞滦东军民团结御侮、共赴国难、浴血奋战的强大精神动力。历史的硝烟虽已散去，但革命文化仍然闪烁着熠熠光辉，早已深深融入中华民族文化和精神的血脉中，成为秦皇岛人坚定文化自信、实现中华民族伟大复兴中国梦的强大精神力量。

先辈用鲜血和汗水绘写了光辉历史，我们将用勤劳和智慧创造美好未来。紧密团结在以习近平同志为核心的党中央周围，在实现中华民族伟大复兴的历史征程中，高举中国特色社会主义的伟大旗帜，不忘初心，牢记使命，攻坚克难，锐意进取，为新时代建设现代化、国际化沿海强市、美丽港城作出新的更大贡献。

第二章

滦东地区文化抗战综述

毛泽东指出："革命文化，在革命前是革命的思想准备；在革命中，是革命总战线中的一条必要和重要的战线。"[1] 滦东文化抗战在全国文化抗战史中占有重要的历史地位，对促进新时代社会主义文化的发展有着理论与现实的意义。对唤醒群众、激励抗战军民、推动抗战思想深入人心也起到很大作用。九一八事变后，滦东是长城线以南最早遭受日军侵略且奋起反抗的地区；1933年1月1日，长城抗战第一枪在山海关打响，滦东的董家口、冷口、喜峰口都是二十九军将士与日军战斗的关隘；七七事变后，这里是武装反抗日军侵略的重要阵地，滦东的昌黎、卢龙、抚宁、青龙等各县区还是1938年冀东抗日大暴动的重要发生地。滦东以特殊的地理位置与历史环境成为敌后前哨的同时，也成了全国文化抗战的前沿。特别是1942年延安文艺座谈会后，一批又一批党的文化工作者来到这里，丰富、壮大了滦东抗战的力量。

一、滦东文化抗战的历史背景与社会基础

滦东群众具有丰厚的文艺传统与文化基础。在地理位置上滦东位于滦河以东、长城沿线、幽燕之地，农耕文化与游牧文化的交锋、黄土地与黑土地的交界、南北文化的交融，使这里的群众受"慷慨悲歌"的历史风物濡染，有丰厚的文艺基因。历史上几次民族迁徙，明代戍边、清代的闯关东移民潮，这些都造成滦东文化的多

---

1 毛泽东：《毛泽东选集》第二卷，北京：人民出版社，1991年版，第708页。

元化，也形成了很多群众喜闻乐见的艺术形式。

滦东地处畿辅，既是津榆铁路腹地，也是北方沿海自开重港。近代以来，滦东地区较早受到西方文化影响，北戴河首开中国旅游城市之先，各国人士广建别墅，在此避暑度假。

同时，滦东也受到"殖民文化"侵害。甲午战争、庚子赔款等近代重大历史事件对滦东都产生极大影响。山海关城内仍保存着中国现存最大、最完整的八国联军军营旧址。八国联军侵华后，美国利用"庚子赔款"在昌黎县建立广济医院、成美学馆、贵贞学馆等，至今遗址仍存。

二、日军的文化侵略

日军侵占滦东后，日伪政权制定各类"奴化"文化教育政策，对民众进行欺骗宣传。日伪教育行政机构和各类学校的教育大权都控制在日本"顾问"手中，使教育为日本侵略政策服务。在各级学校，日语被列为必修课，经书和"修身"是主要课程，历史、地理等课本被肆意篡改歪曲，凡有爱国思想的内容全被删掉。用"奴化"教育，来宣扬封建主义的奴隶道德，磨灭学生和民众的反抗意识，使其甘当日本统治下的"顺民"。日本侵略者还提倡"尊孔""祀孔"的活动，堂而皇之地举办祀孔典礼，来欺骗和毒化人民群众。

在长城以北的伪满洲国统治的青龙县区域内，日军一面进行屠杀与"集家并村"，一面进行更为露骨、毒辣的精神腐蚀。日军建立"协和会"，规定16岁及以上的男女都要加入"协和会"，并接受"日满协和""日满亲善"教育。作为"伪满"反动文化的领导枢纽，"协和会"经常组织各方面的力量成立宣抚班，利用各种形式，到各部落开展反动宣传。宣传内容有以下几个部分：一是大和民族是"优等民族"，是"伪满"的"祖先、父辈"，要称日本为"亲邦"，称日军为"皇军"，并强迫供奉和祭祀日本天照大神；二是宣扬"中日提携""大东亚共荣"，将日军的侵略美化为对中国的支援、帮助；三是宣传日满"同种同宗""日满一家""共存共荣"，要求"伪满"必须全力支持"东亚圣战"，对于共产党、八路军，则竭尽全力污蔑、诽谤，利用漫画、皮影戏等各类手段进行反动宣传。

三、1942 年前滦东地区的文化抗战

（一）冀东大暴动时期

冀东大暴动时期，在抗日军民中自发地传唱着许多首抗战歌曲，但那时的歌曲不论内容和曲调都不能满足抗日的需要。1939 年，去后方整训的部队返回冀东，带回《大刀进行曲》《在太行山上》《救国军歌》《救亡进行曲》《中华民族不会亡》《青年进行曲》《五月的鲜花》《新编九一八小调》《五家庄》《十杯茶》《牺牲已到最后关头》《长城谣》《义勇军进行曲》等歌曲，还有苏联歌曲《工人歌》《沿着高山，沿着平原》，这些歌曲很快在冀东军民中传唱，深受广大民众喜爱。

（二）1939 年至 1942 年冀东部队建立宣传队时期

滦东位于冀东最东侧。从组织建设方面讲，滦东的文艺工作是随着冀东根据地（冀热辽抗日根据地）的不断向滦东的渗透、拓展过程中发展而来的。由于滦东地区根据地开辟相对较晚，最早踏上这片土地的是冀东第十二团、十三团的宣传队。

1939 年年底至 1940 年年初，晋东军分区第十二团、十三团先后成立了宣传队，其功能较为单一，开展歌咏活动是他们的主要任务之一。此时从后方传过来的创作歌曲，已满足不了需求，于是他们就自己用旧调填新词，用《小放牛》《锯大缸》《打新春》《秧歌调》等十几种民歌小调填了新词。有的一种调子填几套甚至十几套词，其中《小日本真毒辣》整个冀东的男女老少、军队地方都会唱。《秧歌调》填词也很多，像《长眼睫毛、大肚皮》流传也很普遍。歌曲内容不仅有配合各项抗日任务的，也有反映青年、妇女、儿童生活的，甚至还有瓦解敌军、教育敌占区落后群众的。这些作者有的是部队的，有的是地方干部。更有大量歌曲是群众自己编、自己唱。这些歌曲由于是冀东的曲调、冀东的语言，配合形势任务又很紧密，战士与群众都非常喜欢。一个地方编出来，其他地方很快学会，其作品之多，流传之广，无可计量。

四、1942 至 1945 年滦东抗战文化的发展成熟

（一）延安文艺座谈会对滦东文化抗战发展意义重大

如果说 1942 年的延安文艺座谈会对敌后根据地的文艺工作起到了引领和促进作用，那么对同年开辟的滦东抗日根据地文艺工作则有着"从无到有"的关键性意义。

延安文艺座谈会之前，我党建立的敌后抗日根据地广布华北，不同根据地的文艺工作有着不同的问题。正如《在延安文艺座谈会上的讲话》中提道："革命的文艺工作者来到延安和各个抗日根据地的多起来了，这是很好的事。但是到了根据地，并不是说就已经和根据地的人民群众完全结合了。"以冀东抗日根据地为例（滦东抗日根据地尚未建设），其地处伪满洲国与"冀东防共自治政府"统治交错地带，冀东大暴动失败后，大片基本区又遭到日军多次"治安强化运动"的袭扰。在这样的恶劣条件下，许多同志认为冀东的人民军队与民主政权没有精力与必要建立文艺团体，甚至认为即使建立了也坚持不了。[1]这样的想法十分普遍，在李运昌、李中权等人的回忆录中都有提及。即使在领导同志的肯定与推动下，冀东的文艺工作仍面临着主观与客观两方面的难题。

主观问题是，在敌强我弱的敌后艰苦环境下，坚持与战斗没有直接关系的文艺工作是否存在必要性，也就是"办不办"的问题。客观问题是，敌后根据地的文艺团体如何建设，如何存活，如何发展，也就是"怎么办"的问题。其本质是敌后的文艺工作依靠谁，服务谁。这是党的文艺政策和文艺工作专业性的矛盾，鲜明地表现为政治与文艺的矛盾。

这些问题是敌后抗日根据地的共性问题，也是抗战时期我国文艺工作的共性问题，但由于冀东（滦东）特殊的地理位置、艰苦的作战环境、滞后的文艺工作，表现得相对突出。延安文艺座谈会解决了这两个问题，鲜明地提出"我们还要有文化的军队，这是团结自己、战胜敌人必不可少的一支军队"。这支军队"为千千万万劳动人民服务"。

（二）尖兵剧社组建文工组挺进滦东

由于缺乏有效的思想指导与专业人才支持，直到1942年末，冀东（滦东）都未能建立文艺团体。延安文艺座谈会之后，诞生了第一个专业的文艺团体——尖兵剧社。该剧社于1943年挺进滦东，播撒抗战文艺的火种。1944年，尖兵剧社派管桦、黄河、刘大为等人到昌黎路南地区开展革命文艺工作。他们通过文艺活动，激励了很多教师和具有爱国主义思想的年轻人奋起抗日。同时，他们还自办《大众报》，

1　李中权：《李中权论文篇暨纪事文集》，北京：蓝天出版社，2004年版，第278页。

以此鼓励民众与日本侵略者抗争。著名红色小说《小英雄雨来》最初的蓝本就是管桦在昌黎抗战时创作的，后来他创作的脍炙人口的歌曲《我们的田野》描述的也是冀东沿海平原的美景。

此后，尖兵剧社多次来到滦东组织文艺工作，并帮助滦东根据地建立剧社，对滦东的文化抗战起到教育与推动作用。

（三）滦东文化抗战走向成熟，文化人才不断丰富，组织框架逐渐完善

在毛泽东《在延安文艺座谈会上的讲话》的号召下，冀东的文艺战士们组建了各类文化、艺术团体，发挥各自特长，成为根据地文化建设中的骨干。这些文艺团体有的活跃在广阔冀东，有的扎根在较晚开辟、更为艰险的滦东地区。如尖兵剧社在黄天、今歌同志的带领下转战冀东、滦东多县；长城剧社则活跃在长城以北；前锋剧社长期扎根在滦河东岸，跟随曾克林率领的第十二团率先出关；海滨剧社社如其名，战斗在昌黎、乐亭、抚宁等县北宁铁路以南的海滨地区；救国报社在滦东、滦西与热南的山区游击作战，编辑孔祥均、陈大远等十余名同志曾在敌军重围下，在碣石山区坚持出版刊物；大众报社不惧日军"扫荡"，在管桦与刘大为的带领下，扎根新开辟的路南地区开展抗日宣传。此外还有大量的报社、影社、文工团，共同组建成滦东与冀东地区的"文艺长城"。

滦河两岸这片肥沃土地，是音乐家的摇篮。冀东"文艺三剑客""乐坛四杰"等全国知名的词作家、曲作家都是从这里走出去的。"文艺三剑客"中参加革命最早的音乐家黄河，新中国成立后任空政文工团团长，他慧眼识阎肃，才有《江姐》等不朽之作；管桦，是脍炙人口的歌曲《我们的田野》与著名小说《小英雄雨来》的作者；刘大为，一曲《我们的旗帜到处飘扬》唱遍长城内外；冀东军区文工团团长李劫夫，也在滦河两岸留下奋斗身影，他一生佳作良多，最出名的当数《歌唱二小放牛郎》《革命人永远是年轻》《我们走在大路上》。

在滦东活动的文艺兵，既有像尖兵剧社、救国报社这样常年转战冀东各地，曾在滦东临时驻扎或执行任务的文化团体，也有长期坚持在滦东大地上战斗生活的海滨剧社、前锋剧社的同志们。秦皇岛市解放后组建的第一个文艺团体——秦皇岛市文工团，前身是1945年成立的冀热辽军区第十七军分区海滨剧社。海滨剧社是诞

生于昌黎、乐亭沿海地区，北宁路以南的文艺团体。他们在极为困苦的环境下筹建而成，缺钱少物，连个像样的乐器都没有。剧社成立时，得到的唯一物资是一根红军的皮带。剧社成立那天，军分区副政委曾辉扎着这条皮带出现在剧社同志们的面前。他将这条皮带交给了剧社。一条凝聚着长征精神与延安精神的皮带，成了秦皇岛现代文艺工作起步时的所有家当。

滦东大地上另一支文艺队伍——前锋剧社，是我军活动在滦东地区的重要宣传力量。该剧社于 1945 年 1 月成立，脱胎于冀东第十二团宣传队，承担了冀热辽十六军分区的文艺演出、政策宣传、群众动员等主要工作。1945 年 8 月，前锋剧社随冀热辽第十二团、十八团出关，先后参与解放山海关、大连、沈阳、本溪、临江、安东等地的战斗，并起到重要作用。

滦东抗战形势紧张，宣传工作有自己的特点。形势缓和时，周边兄弟部队的剧社、宣传队文艺战士聚在一起，一同练音、识谱、唱歌。创作的主要剧目有吴宝光（前锋剧社编剧，后于抗美援朝战场牺牲）根据苏联小说改编的《第四十一个》（此剧曾于尖兵剧社演出，在冀东有一定影响力）、《亲家母探亲》（歌剧）、《打倒汉奸姜鹏飞》等。敌人"扫荡"时，宣传队化整为零，有的到连队继续开展宣传工作，有的随区政府行动，有的潜伏到秦皇岛，新队员回家待命，年底再集中起来排练、演出。1944 年秋，反"扫荡"还未结束，十二团机炮连转战路南。政治指导员卜雨和区队长黄宾从区政府转回侦察排，又返回机炮连教歌、上党课，并以十二团政治处名义，出版《群众画报（路南版）》。画报题材多取自本地抗日活动，容易引起战士与群众的共鸣。第一期刊载了卜雨创作的《如此王道乐土》和连环画《哭哭哭！糊涂的婆婆》，黄宾刻好蜡版，油印出版。第二期刊载了卜雨刻版的版画《一个日特的下场》与黄宾刻版的《民兵击毙坦克手》。1944 年 12 月，宣传队集中在一起，队员们共同拓印版画。第三期专刊主要揭露日军"集家并村"、建立"人圈"等罪行。

随着前锋剧社的不断成熟、发展，在战争中起到的作用也越来越大。1945 年 8 月 10 日，日本外务省向美、中、英、苏四国发出乞降照会。八路军总司令朱德立即发布受降及配合苏军作战的一号命令。8 月 11 日，发布第二号命令："驻河北、热河、辽宁边境的李运昌部即日向辽宁、吉林进发。"滦河东岸、长城内外的冀热辽十六军分区的八路军，在李运昌的直接指挥下，司令员曾克林、副政委唐凯率军出关东进，收复失地。前锋剧社跟随十六军分区的八路军一同出关，一路行军，一路作战。8月28日上午，部队与苏联红军先遣小分队在前所会师，前锋剧社再次发挥奇效。由于日军刚刚投降，各地日伪军摇身一变成为国民党部队或土匪武装。中苏语言不通，苏军不相信眼前的部队是中国共产党领导的八路军，双方形成僵持。这时，唐凯副政委急中生智，让前锋剧社音乐队队长秦兴汉带领全体官兵高声唱《国际歌》。虽然苏联红军听不明白中文歌词，但这熟悉的旋律显然消除了语言的隔阂，知道彼此都是布尔什维克的同志，于是激动地拥抱在了一起。

（四）在《在延安文艺座谈会上的讲话》指导下，滦东文化抗战硕果累累

在《在延安文艺座谈会上的讲话》影响与指导下，滦东许多文艺团体与文艺工作者被培养起来，创作和演出了大量反映冀东或滦东军民生活的脍炙人口的文艺作品。如黄天、今歌创作的讴歌军民鱼水情的剧作《夜深人静时》《拥军模范于平》；王舒编导的反映沦陷区人民悲惨生活与英勇斗争的话剧《长城线上》；正值滦东根据地开辟，由黄天作词、今歌作曲的《庆祝第二战场开辟》在滦东迅速传唱开来。八路军战士的艰苦生活与英勇斗争是文艺工作创作的重要素材，刘大为、管桦利用冀东民兵的真实事迹，编写了话剧《三百人和一条枪》；刘大为编写的《四个英雄的故事》甚至邀请了剧本中四个英雄之一的胡凤歧参加演出；管桦作词、劫夫作曲的《尖刀子连》《常家庄的故事》，管桦作词、纪良作曲的《好村长》等曲作也能在冀东地区找到创作原型。艺术创作源于现实，高于现实，指导现实。由黄天作词、耿介谱曲的鼓励动员参军的歌曲《歌唱模范王连发》；由管桦作词、劫夫作曲的鼓励军民大生产的歌曲《参加生产》等对根据地建设也起到了促进作用。

延安文艺座谈会召开后，滦东摄影艺术创作也迎来了"春天"。一些有着高超技艺的摄影艺术家来到滦东，拍摄了一系列至今家喻户晓的作品。如雷烨的《滦河晓渡》、张进学的《解放山海关》、罗光达的《沙坨塔上的八路军哨兵》、齐观山的《战斗在冀东古长城一带的八路军战士靠吃炒米、野菜坚持抗日斗争》等照片是为数不多的记录滦东抗战的佐证。

在艺术创造领域，毛泽东提倡"学习群众的语言"，认为"要使自己的作品为群

众所欢迎，就得把自己的思想感情来一个变化，来一番改造"。将民俗文化、民间音乐与抗战文化相结合，是滦东文艺工作的优势与特点。例如曾于延安人民剧社、西北战地服务团工作的著名音乐家李劫夫，是歌曲《歌唱二小放牛郎》《王禾小唱》《我们走在大路上》《革命人永远是年轻》的创作者。初到冀东，他打听到一位盲艺人熟悉冀东影调，特意跑去学艺。这是劫夫的老习惯，在晋察冀边区，他就常常向民间艺人请教。他来到冀东创作的第一首歌《四八烈士歌》就吸收运用了当地皮影戏的曲调，一下子就在冀东人民中间流传开来。他说："在冀东地区搞文艺，尤其是音乐创作，要是不熟悉、不研究、不学习、不使用前辈艺术家、民间艺人创造的皮影戏曲调，不接受已为群众批准和喜爱的艺术遗产，就不会受到人民群众的欢迎。"

在一些关键的时间节点，滦东文艺战线对社会矛盾变化表现得非常敏感。抗战结束后，驻扎滦东的冀热辽十六军分区部队（老十二团）在曾克林的带领下率先出关，提前布局东北。在此期间，一些传唱至今的经典曲目被创作出来，如刘大为作词、黄河谱曲的《我们的旗帜到处飘扬》，这些歌曲既表现出军民庆祝抗战胜利的喜悦，又表达了进军东北、收复国土的强烈意愿。试想三年前唱着《滦河曲》中的歌句"青春的鹰，勇敢的鹰，冀东年轻的子弟兵"渡过滦河，开辟滦东根据地的老十二团战士，再次唱着《我们的旗帜到处飘扬》"军队和人民勇敢向前，我们的旗帜到处飘扬。飘在长城上，飘在扬子江，飘在失去的东北，飘在祖国的边疆……"跨越长城。一列列整齐的军旅为了国土的光复，唱着激人奋进的歌曲，挺进东北，何其雄壮。

2021年是中国共产党成立100周年。抗战时期，毛泽东曾说过："我们要战胜敌人，首先要依靠手里拿枪的军队。但是仅仅有这种军队是不够的，我们还要有文化的军队，这是团结自己、战胜敌人必不可少的一支军队。"这深刻地证明了中国共产党不但重视领导军事抗战，更重视领导文化战线、凝聚民族精神。

第三章
新民主主义革命时期中国共产党滦东文化工作大事记

1921 年 7 月，中国共产党北方党组织领导人李大钊派遣党的"一大"代表、工人运动领袖王尽美来到秦皇岛加强对工人运动的领导。王尽美到秦皇岛之后，通过建立夜校等方式组织工人学习文化，开展文化教育活动。同时，亲自向工人宣传革命理论，使工人的思想觉悟有了明显提高，为山海关京奉铁路工人大罢工、秦皇岛开滦五矿同盟大罢工的成功奠定了思想与群众基础。

1926 年 5 月，天津地委派遣于方舟、秦霁清同志到山海关指导工作，同年 7 月，又派徐桂森到山海关加强这一地区的工作，组成了以秦霁清为主、徐桂森等为辅的临榆临时县委。临榆县委在较短的时间内，向工人、农民和学生宣传了党的主张，宣传了北伐战争的历史意义，使他们继续受到党的教育，培养了他们的革命积极性，为革命工作积蓄了力量。

1931 年 9 月，日本帝国主义侵占沈阳。九一八事变后，全国人民反对蒋介石的不抵抗主义，抗日救亡运动蓬勃兴起。在中国共产党领导的左翼团体影响下，昌黎青年学生打出抗日救亡的旗帜，开展了多种形式的抗日宣传活动。昌黎汇文中学和县立高级小学的学生演出了《卧薪尝胆》等激发爱国思想的戏剧。

1938 年 7 月—10 月，冀东大暴动期间，暴动部队因没有适合当时形势的歌曲，曾唱《三国战将勇》《满江红》等旧军歌；有的暴动部队因有红军骨干，也唱《三大纪律八项注意》等红军歌曲；参加暴动的学生则唱《松花江上》等抗日歌曲。

1938 年，冀东大暴动期间，在冀东抗日联军第五纵队开展政治工作的山海关人阮务德，带领抗日联军文艺宣传队，在燕山深处、滦河两岸抗日联军队伍中教唱他编写的《扩军歌》《嘴巴仗》《工人当主人》，受到抗联广大指战员的欢迎。

1939年冬，冀东十三团总支书记娄平，在长城外的"无人区"目睹人民群众无家可归的惨状，悲愤地写下《寒夜曲》。

1939年年底—1940年年初，冀东军分区第十二团、十三团先后组建宣传队。每队编制12人，以青年学生为主。宣传队广泛活动于迁（安）青（龙）兴（隆）昌（黎）滦（县）乐（亭）等广大地区，播撒着革命文艺的种子。

1939年2月，中共昌（黎）乐（亭）办事处成立，出版三期《前进》刊物。1940年秋，在冀东军分区政治部主任刘诚光的主持下，从第十二团、十三团宣传队选调了王梅津、佟木舟、王维汉、贾如山、金某5人，至平西挺进剧社学习。

1941年3月，挺进军政治部派来挺进剧社指导员张茵青同志，任晋察冀十三军分区（冀东）政治部文娱股股长。

1941年秋，调往挺进剧社学习的5名同志回到冀东。年底，挺进军政治部派朱宝仓、花宝书、张景福、张月仿、马万增、聂某等文艺干部到冀东开展文艺工作。

1941年，著名摄影家雷烨来到冀东，任分区政治部宣传科科长，后又任组织科科长。两年间，拍摄了《驰骋滦河挺进热南》《滦河晓渡》《熊熊篝火》《塞外宿营》《山岗晚炊》等众多反映滦东、热南抗日斗争的照片，并刊登于《晋察冀画报》。

1942年，晋察冀十三地委成立路南评剧宣传队。该队聚集了许多评剧第一代艺人，如张采亭、任善庆、金菊花、夏文元、李玉花、张桂生等，还有部分青年演员郑云亮、郑云台、夏复芝、任佩玉、花月霞等。该团实力雄厚，艺术表演水平较高。在抗战期间，宣传队不仅演出了许多传统戏，而且还创作了《枪毙姜鹏飞》《送子参军》《不给敌人一粒米》等优秀的现代戏，激发了群众的抗战热情，增强了战士的士气。

1942年4月，日军开展"第五次强化治安"，赵刚、佟木舟、贾如山、冯广泰、何贵友、孟庆海等文艺骨干先后牺牲。遵化县铁厂战斗中，冀东军分区政治部主任刘诚光和张月仿、马万增等文艺干部光荣牺牲，冀东文艺部队损失严重。

1942年7月，冀东区党委制发《关于开展抗日宣传工作的指示》，提出"编演小戏"，宣传抗日。

1942 年底，张茵青、邓子如、刘大为、张景福、王维汉等晋察冀文艺骨干来到冀东。张茵青、邓子如奉命筹备军分区新的文艺团体，也就是后来的尖兵剧社。

1942 年秋，昌（黎）乐（亭）联合县成立后，县委召开第一次会议，决定创办期刊。

1943 年，中共迁（安）卢（龙）抚（宁）昌（黎）联合县委创办了《前进报》（后改名《长城报》）。

1943 年 4 月，经晋察冀军区政治部抗敌剧社朱良才主任批准，调来郭东俊、黄河、尤飞虹，以及抗大二分校文工团的田篱、卜雨、韩大伟等文艺工作者到冀东筹建尖兵剧社。

1943 年 7 月，中共冀东第三地委宣告成立。刚成立不久就创办起本地区（滦河以东迁安、卢龙、抚宁、昌黎、临榆及长城以外青龙县部分地区）的抗战报刊《救国报（滦东版）》。和冀东《救国报》一样，该报纸也是以“救国报”为名的八开两版油印小报。每期发行 200～300 份。报社总人数 20 人，负责人是郝仁（陆光）。

另有一个以“前进”为名的 32 开的油印刊物。内容以新华社的电讯为主，迅速传播党中央的指示和抗战救国的好消息，用以鼓舞本地区抗日军民的战斗意志。每期发行 200～300 份，负责人郝仁，重点服务对象是部队指战员。

1943 年 7 月 1 日，尖兵剧社成立，任命张茵青为社长、王舒为副社长、郭东俊为指导员、田篱为戏剧队队长、黄河为音乐队队长、安靖为文美组组长。

1943 年 7 月中旬，尖兵剧社随部队挺进滦东地区，投入恢复基本区、开辟新区的斗争。在北宁路沿线的昌黎、滦县、乐亭、抚宁一带，配合部队的政治攻势，召开群众大会，演出文艺节目，帮助建立区、县政权，开展大规模的宣传活动。

在建昌营，尖兵剧社搭建露天舞台，庆祝迁（安）卢（龙）抚（宁）昌（黎）联合县成立。剧社演出了王舒编导的《长城线上》。

此后，在抚宁、昌黎县山区的多场演出中，剧社在原有节目基础上，增加了王舒编导的话剧《长城线上》，耿介的二胡独奏《光明行》、琵琶独奏《十面埋伏》。演出话剧《凯旋之夜》（编导田篱，演员李巨川、林野）。

尖兵剧社在巡回演出中，在多地举办画展。随时搜集材料，画成漫画、连环画、宣传画。如《牛拉汽车》是真实事例改编，讲的是伪县长下乡检查工作，向日军要汽车坐，日军给了他汽车却没有汽油，于是派伪军抓了群众的两头牛拉汽车，让伪军赶牛。黄河同志负责画展的讲解工作。

尖兵剧社在滦东的巡演影响极大。群众相互宣传，说两万八路军掩护大剧团，到处唱歌、演出、举行画展。

1943 年中秋，尖兵剧社于滦东桥头村举行诗歌朗诵晚会。管桦、刘大为、卜雨筹备了诗配画作品，挂在街头展览。

1943 年秋，中共滦（县）卢（龙）县委宣传部部长武文华在组建真理剧社后提出"没神没鬼没迷信的老戏可以唱"。

1943 年，晋察冀画报社先后派齐观山、申曙、于舒、钱义等前往冀东，以扩大冀东的摄影队伍，加强新闻摄影工作。该部摄影师先后到滦东开展工作。

1943 年 9 月，由于庄稼收割，尖兵剧社赖以掩蔽活动的青纱帐消失了，敌人开始"扫荡"并扬言要寻找尖兵剧社。为与敌人辗转周旋，剧社化整为零散下部队，开始游击生活。韩大伟、刘大为、管桦、王维汉、张鸿斌、王世昌随八区队二连，突过北宁铁路，到铁路以南昌黎、乐亭县新开辟地区去拓荒，初次形成武工队和文艺组一起配合的形式。郭东俊、耿介、林野、罗明、李景春随十二团活动。

1943 年夏，昌（黎）乐（亭）联合县成立七月剧社。参与者多为何新庄小学、小滩小学、抗日中学等中小学师生和一些在乡知识分子。七月剧社隶属于昌乐联合县知识界抗日救国会。该会于同期成立。李晓光兼主任，兢存（张彤）为副主任，常安、李德雨为常委，朱燕（石仙舟）为组织部副部长，昨非（郝文烈）为宣传部副部长。"知救会"成立后，兢存、朱燕、昨非、白村（王树元）成为剧社骨干，一边举办演出，一边出版《七月》杂志。

剧社人员最多时达 30 多人，社长由兢存担任，傅敏之（侯辅廷）任指导员，朱燕负责宣传、美术，昨非负责戏剧，白村负责音乐，千群是昌黎县委派到学校开展党的工作兼读书的唯一中国共产党员，负责党的工作，后来成为指导员、协理员、党支部书记。社员还包括张琪、王建宇、黎明、苑凌云、鲁洁如、君直、王文博、常安、郑静、今生、赵锡珍、齐芳、若愚、韩冰心、李敏、杨春燕等。除了领导骨干具有文艺工作经验与专长外，多数成员没开展过文艺创作。当时所谓的"知识分子"，其实文化水平多是中学、小学毕业程度。

1943年10月6日，救国报社与冀东特委在迁西东水峪与黄槐峪一带被围困，经过三个昼夜的周旋，才脱离了敌人宽达30里的包围圈，从下营北面迁回奔向长城，顺长城内侧经过建昌营、燕河营一带，穿过卢龙、抚宁两县之间，安全转移到昌黎北部柳河圈东边碣石山西麓的山沟各村庄。

由迁卢抚昌联合县精心安排，救国报社和电台潜伏在昌黎北山的山沟村庄里，报社负责人陈大光、孔祥均带领救国报社人员在此度过两个半月的时间。

1943年12月，冀热辽特委指示救国报社西进丰滦迁。报社的两个单位——收报台与印刷所从相隔高山峻岭的焦家山、半壁店集合到冯家山，在高庆部队41名战士的护送下，经凤凰山、滦河岸边的鸡公村，然后与特委会合。正当报社的同志们要从冯家山启行，日伪军围村突袭。为了掩护撤退，护送部队的21名战士牺牲。救国报社无人伤亡。

1943年12月，晋察冀军区政治部派黄天、今歌到尖兵剧社工作。军分区政治部任命黄天为社长、张茵青为副社长、郭东俊为指导员、今歌为音乐队队长、黄河为副队长。

1943年冬，救国报（滦东版）报社在抚宁县苏官营村遇到险情，被敌人重兵包围，李墨林同志牺牲。

1943年12月7日，救国报（滦东版）报社实地报道了滦东十二团抚宁曹西庄大捷。1943年12月底至1944年初，尖兵剧社第一次去路南招生。韩大伟领队，有刘大为、管桦、王世昌、张鸿斌、李碧冰等人参与。

1944年1月24日，尖兵剧社在昌黎王官营准备演出，突遭日军围攻，连夜行军百里，从敌人空隙中突围。为应付紧急情况，剧社抽调有战斗经验的李巨川、高凤官、朱春祥、张怀平、刘润甫等组成战斗班，集中全社所有的马枪、步枪、手枪由战斗班使用。

1944年3月，尖兵剧社管桦、刘大为、李碧冰、王世昌4人，去北宁路南昌黎、滦县、乐亭一带活动，受地方领导委托，为小学编写课本，在当地各小学中开展工作，并撰写《告知识分子公开信》。这些活动，在当地知识分子中影响很大。

管桦负责为小学编写语文课本，该课本是著名的红色小说《小英雄雨来》的最初蓝本，经典爱国名言"我们是中国人，我们爱自己的祖国！"即源出于此。

同月，刘大为在昌黎靖安镇南边一带学校教授学生演唱《狼牙山五壮士》《王禾小唱》和《中华民族》等歌曲。

文工组去昌黎县城南的荒佃庄附近的槐李庄等小学去开展工作，给全校师生讲《论持久战》，宣传抗战必胜、日军必败的道理。王世昌同志教唱抗日歌曲。年轻女教师董淑寅化名"千里草"，加入尖兵剧社。

1944 年 4 月，李树仁在抚宁县花台参加尖兵剧社。尖兵剧社全社集中，第二次去滦东十二团演出。为配合分区开展大扩军，尖兵剧社组织群众性创作歌曲《好男儿要当兵》。正值开辟第二战场，剧社组织全体人员进行创作，每人至少交一件作品，其中由黄天作词、今歌作曲的《庆祝第二战场开辟》广为流传，同时，黄天同志还组织了创作评奖活动，鼓励全体人员进行创作。

1944 年 5 月，按照十二团政治部主任程陆天的请示要求与尖兵剧社社长黄天的安排，有丰富美术工作经验的卜雨同志赴十二团宣传队工作，任美术教员兼政治指导员。

1944 年 6 月—7 月，尖兵剧社由滦东回到遵化南偏西凉子河一带。

1944 年 7 月 1 日，昌（黎）乐（亭）联合县成立文化界抗日救国会，由"文救会"创办理论性刊物《知识界》。竞存为总编辑，长安、李德雨、李晓光任编辑。

1944 年 7 月，《冀热边特委宣传工作会议报告提纲》提出："提倡与指导""落子"等民间艺术，"改造其内容，使之成为工作动员、政治宣传与社会教育的工具"。

1944 年 7 月，十二团护送尖兵剧社回滦东，回到了滦东后，被日军包围，清晨突围后，部队宣传队在路南转战，每到一村都进行美术展览，作品有《蛮子营战斗胜利》（水彩画）和《新民主主义社会是什么》（水彩连环画）等。展览的同时，召开绅士座谈会，宣传抗战形势和揭露国民党不抵抗政策。

1944 年 7 月下旬，晋察冀画报社冀热分社成立，并任命罗光达为分社主任，编辑兼摄影记者周郁文，照片制版技师刘博芳，石印技术人员董寿延、李志书、马小锁，石印缮写武耀强，装订人员张学琴等画报社一行来到冀东，分散行动。

罗光达来到昌黎路南海滨村落，拍摄了《日出·渔民归来》《八路军在渤海之滨的沙丘进行海上训练》《沙坨塔上的11路军哨兵》等照片，并作为随军记者采访了被民兵救下的美军飞行员。

齐观山进入热南青龙县，跟随凌（源）青（龙）绥（中）联合县的干部，在山沟里架起茅棚，一同工作、生活，拍摄了《战斗在冀东古长城一带的八路军战士靠吃炒米、野菜坚持抗日斗争》《冀东抗战最艰苦的年月，战士们喝冷水，吃炒米，过着艰苦的生活》《坚持在长城外青龙县内"无人区"工作的县区政权干部》等照片。

1944年暑假期间，昌乐联合县委第一次召开从京、津、唐等沦陷区回家度假的学生大会，七月剧社演出话剧《英雄与奴才》，并教会学生们唱抗日歌曲和扭新秧歌。

1944年6月1日，冀东军分区第十二团根据新长城影社的经验，在滦河东卢龙县冉庄成立抗日影社。影社由十二团文艺主任王衍直接领导。社长为卢和。有6名演员，全发给军人证章，按连级待遇，除供给生活必需品外，家属还按军属待遇。

滦东抗日影社成立后，卢龙、抚宁、迁安三县也相继成立以本县命名的"大众影社"。抗日影社领导各县分社，在剧本和演员上给予支持。

冀东特委宣传部决定组织文艺工作者创作皮影戏剧本，并派人兼任影社的编剧，陈大远、山樵、李左之、付仲三等编写了《田玉参军》《中心逃狱》《齐心杀敌》《国害家仇》《枪毙王朋》《春秋镜》《潘家峪》等剧目。十二团前锋剧社美术教员兼政治指导员卜雨为影社画影人。

抗日影社先后演出揭露日军侵略罪行的《合家进步》《齐心杀敌》《国害家仇》《平林镇》《枪毙金特务》《相公庄胜利》《火烧潘家峪》《中心逃狱》。1945年底，滦东部队挺进东北，抗日影社交归地方领导。

按照军分区一级的建制，冀热辽军区第十七军分区（后改为冀东军区第十三军分区）在政治部内应有一个专业文艺团体，1944年秋，海滨剧社应运而生。该剧社广泛活动于昌黎、乐亭、滦县三县，是京山路南第一个专业文艺团体。

第一批到海滨剧社的人员包括鲁洁茹、仲先、刘玉环、董晓华、黎明、郭华杰、怡明、左林、史忠、健愚、昨非等。

"海滨剧社"社名是尖兵剧社的刘大为同志推荐命名的。剧社定名后，又迎来了李铁辉、振芳、杨树森、王志石等。剧社分成了音乐队、文艺创作队、戏剧队、美术队。宣传科送来的一把小提琴、三把二胡、两只口琴交给了怡明、振芳等同志所在的音乐队。健愚、史忠、黎明等同志在文艺创作队；李铁辉、左林、鲁洁茹、董晓华等同志在戏剧队；刘玉环、王志石同志在美术队。

1944年夏秋之际，汉奸姜鹏飞的"天字治安军"对京山铁路以南的几个县进行"大扫荡"，并欺骗群众说："'天字治安军'是人民的军队，是搞曲线救国的……"企图用这种手段麻痹人民。在昌乐联合县委的统一部署下，七月剧社一部分骨干到各村召开群众大会，揭露姜鹏飞的反动本质和他的阴谋诡计。同年秋冬，为提高群众文化水平，县委号召各村都要办冬学。七月剧社一部分骨干投身到大办冬学的热潮。剧社成员白天教小学，晚上教冬学，没有教材就自己编印，做到人人有书本，出现了许多夫妻同桌、父子同学的佳话。剧社的傅敏之还为宣传上冬学编写了一首歌："不怕雪、不怕风，我要做个好学生。有了知识能做事，没有知识是糊涂虫。"傅敏之和朱燕一起围绕办冬学创作了一首《母亲摇篮曲》。有的学校把这首歌曲改编成舞蹈，为群众演出。

1944年9月，冀东军区第十七军分区政治部创办了《海滨战火》，油印，八开两版，每周三期，每期发行300份左右，赠阅。宣传科科长杨明负责。1945年11月19日，冀东十七军分区改为第十三军分区，军分区机关报《海滨战火》改为《海滨战士》。

1944年秋，冀东十二团政治处创办了《群众画报》，油印，四开一张，每期1000份，不定期赠阅，卜雨任主编，黄宾任编辑，地址在昌黎县姜各庄村。画报主要内容是我军抗战胜利的消息。是年12月，出版了套色刊头《群众画报》第三期之后，于1945年1月停刊。

1944年10月，尖兵剧社文艺队（创作组）和戏剧队的刘大为、管桦、李碧冰、王世昌、张鸿斌等合编为前线文工组，离开部队去昌黎、乐亭一带敌占区开展工作，具体任务是宣传群众扩军，组织群众，建立政权，筹备出版《大众报》。在昌黎县城南乐亭城北、滦河由北向南流到此向东入海的拐弯处的一个小村庄荀家套，建立《大众报》编辑部。

《大众报》为大型十六开本、封面为木刻、用油墨套红，创刊号发表了新华社社论，解释我党政策，介绍解放区军民合作抗日，并辟有专栏"尖兵剧社一日"。出版后，又亲自送到群众手中，受到知识分子和广大群众欢迎，也震动了敌人。日军特务机关搜集到《大众报》与前线文工组编辑出版的一些刊物宣传品，从敌特汉奸口中了解到前线文工组的活动情况后，认为"这支文化八路的活动，大大的厉害"。

昌黎、乐亭两县敌人组织"扫荡"，兵分两路，从南北两个方向，夜半突击崖上、荀家套一带，妄图一举歼灭前线文工组和大众报社。而此时我文工组和武工队早已转移到昌黎城东南靠近渤海湾的后马坨，敌人扑了空。

1944年冬，面对日伪军的反复"清乡、扫荡"，为了提高抗日军民的民族气节和坚持发扬斗争精神，七月剧社排演了程力群编写的话剧《英雄与奴才》（又名《两种人》）。

1944年冬，中共冀热边特委属下的第四区委创办《路南画报》，石印，八开两版，半月刊，每期1000～2000份，朱秋任主编。1945年8月《路南画报》停刊。

1945年初，昌黎县妇救会组织大众剧社演出《春之歌》《兄妹开荒》《白毛女》等节目。

1945年1月，前锋剧社成立，首演于曹柳河村。该剧社脱胎于冀东十二团宣传队，承担了冀热辽十六军分区的文艺演出、政策宣传、群众动员等主要工作，主要活动范围是滦东地区。

1945年5月，冀东军区第十六军分区政治部在昌黎县曹柳河村创办《前锋报》（油印），后改为铅印，周刊，每期2000份。同年8月，部队出关后，编辑、文印人员到部队任职。10月，调新参军的大学生王树荣任编辑，前锋剧社王飞龙、肖云专抄收新华社新闻。王树荣向前锋剧社社长卜雨约稿，把东西寨家山的战斗、部队尊干爱兵活动的事迹整理成故事，登上《前锋报》，取得了良好的宣传效果。十二团的一位指导员看报后，也在连队开展了尊干爱兵活动，各排也组成了通讯组，向前锋报社投稿。该报于1946年11月停刊。

1945年4月—5月，黄河带领康占元、周苏、张君如、张晓韵、贾淑琴、高凤官等小组成员到十六军分区（滦东）与前锋剧社陈自新、秦兴汉等一起在昌黎、滦县、乐亭、抚宁一带开展演出宣传活动。

刘大为、韩大伟、李巨川、苏志远、管桦等为一个小组，到十七军分区（北宁铁路以南之昌黎、乐亭、丰润南部等地）开展活动。他们一方面为扩大队伍招考学员，一方面搜集材料进行文艺创作、开展文艺活动，并派人从北京、保定找来了在燕京大学音乐系学习小提琴的周方和方怡同志，在路南招收了刘北鲁、秦英、白伦、李源、张洛、詹真辉、谷莹、刘茵河、苗淑云等同志先后到剧社工作。

1945年5月，进入反"扫荡"斗争后期，七月剧社的许多成员调动工作，剧社也就随之解散，偶尔聚集开展演出任务。

1945年5月，在滦东活动的十八团部调各连文化教员和部分优秀班长、文书组成艺术训练队。高凤官与卜雨负责教导写美术字，用锅底黑、红土、白灰调色，书写"开展春耕生产"等标语，还教唱抗战歌曲和一些文音字符简单常识，得到了基层官兵的积极响应。

1945年7月，尖兵剧社社长黄天、音乐队队长今歌等同志在杨家峪牺牲。滦东文艺战士有组织或自发地祭奠英烈。

1945年8月，昨非率领海滨剧社随出关部队到了路北。海滨剧社留下的朱燕和白村（王树元）二人，计划再建海滨剧社。经动员，原知救会、七月剧社和抗日中学30多人加入海滨剧社。1946年1月初，第二个海滨剧社组建起来了。杨明兼任社长，朱燕任副社长，下分三个组，白村、崔亚洲、苑凌云分任组长。社员有非琪、华园、董丰田、董明启、王联原、王克非、李雪花、李小舫、常季祥、朱景舟、赵镛、林明、齐芳、王秀山、亚军、金若愚、侯金华、何玲、丽华等同志。

1945年夏，救国报（滦东版）报社在昌黎五峰山被敌伪包围，突围过程中，杨玉环（启政）同志中弹牺牲。

1945年8月，前锋剧社随冀热辽第十二团、十八团出关，先后参与解放山海关、大连、沈阳、本溪、临江、安东等地的战斗，并起到重要作用。一同出关的还有冀热辽军区尖兵剧社、第十四军分区胜利剧社。

第十六军分区出关前夕，驻扎在昌黎县和卢龙县交界处九百户村的前锋剧社奉命赶到昌黎凤凰山与第十六军分区机关会合，随后来到抚宁县台头营召开挺进东北的动员大会。按照会议要求，前锋剧社兵分四路，宣传干事申曙带着黄宾、孙志诚两位区队长去铁路南招生；卜雨带天明、王善济两位社员到十八团帮助工作；陈自新社长带李显廷、张志文两位社员到十二团帮助工作；秦兴汉区队长（时任前锋剧社音乐队队长，离休前任军事博物馆馆长）带领剧社随分区行动。按部署，前锋剧社随十六军分区部队越过山海关绕道九门口跨越长城。

1945 年 8 月 28 日上午，冀东十六军分区与苏联红军先遣小分队在前所会师，前锋剧社发挥奇效。由于中苏语言不通，双方形成僵持。唐凯副政委令前锋剧社带领全体官兵高声唱《国际歌》，这熟悉的旋律消除了语言的隔阂。他们知道彼此都是布尔什维克的同志，激动地拥抱在了一起。

1945 年 8 月 30 日，前锋剧社参加了解放山海关的战斗。陈自新社长带领着卜雨、秦兴汉、天明、王善济、李显廷、严林、毓敏、肖云等同志在山海关张贴我军布告，在城墙上书写"发展工商业，改善职工生活""提高工人福利待遇""发展新民主主义经济""庆祝我国抗战胜利""建立独立自由民主繁荣富强昌盛的新中国"等标语。

1945 年 8 月 30 日，摄影家张进学拍摄了抗战经典照片《解放山海关》，被沙飞刊录在《晋察冀画报》最醒目的封面上。

1945 年 9 月，尖兵剧社部分同志在昌黎、乐亭、滦县一带活动数月，完成了预定任务后，接到军区命令，筹备召开全军战斗英雄大会，并为大会演出。剧社的同志由县支队二连护送过路北，准备与全剧社会师，在昌黎县港心村夜宿，与军分区支队率领的两个连相会，拂晓被日军分八路包围。前线文工组与我军武工队依托院墙、房上的掩体和敌人展开激烈战斗。剧社的同志和区小队负责把守南角，刘大为、李臣川、管桦、王世昌、张鸿斌、苏志远等同志上房、蹬墙进行战斗。打退了敌人三次冲锋后，上级命令剧社撤离港心村北上，过铁路到达目的地。在武工队的掩护下，文工组突围撤出后马坨村，冒着风雪从后封台车站东面越过铁路，回到根据地参加整训。

1945 年 10 月，尖兵剧社全体进驻山海关，剧社进城后，马上贴出演出海报，公演四幕歌剧《地狱与人间》、独幕讽刺话剧《合流》、独幕话剧《一双鞋》等。尖兵剧社在山海关下面的田氏中学操场搭起了舞台进行演出。这天晚会的节目有大合唱《国际歌》《八路军进行曲》《我们的旗帜到处飘扬》《朱总司令下命令》《子弟兵进行曲》《丈夫去当兵》《歌唱二小放牛郎》，歌唱表演《八月十五》《八路军》《霸王鞭》，讽刺话剧《合流》等。参与演出的还有邓子如、耿介、纪良、苏志远、林野、罗明、真辉、张君如、张洛、张晓韵等 20 余人。在山海关，尖兵剧社还和从延安飞赴沈阳的苏联空军飞行员联欢。

同月，尖兵剧社从山海关挺进东北。

1945 年 12 月，冀东区建国学院成立文艺组，为组建文工团做准备工作。

1945 年底，七月剧社奉命到路南演出，恰值分区海滨剧社调往路北充实军文工团，于是就以七月剧社为基础成立新的海滨剧社。

1946 年 2 月，大众剧社遵照昌黎县委命令，于正月初十赶到迁安县建昌营，并于正月十四、十五两日为冀热辽十六军分区演出。节目分别有歌曲《毛泽东之歌》《没有共产党就没有新中国》《我们的旗帜到处飘扬》《春之歌》《反特》《白家的风波》《两种学生》等及剧目《白人》《高树勋将军起义》等。

1946 年 2 月，李劫夫来到尖兵剧社，在昌黎、乐亭间的村庄学习皮影调。其创作的《歌唱二小放牛郎》唱遍滦河两岸、长城内外。

1946 年 3 月，冀东军区政治部任命李劫夫为军区文工团团长、姚铁为协理员、张茵青为副团长、郭东俊为副协理员。

李劫夫创作了由管桦、刘大为作词的《悼念四八烈士》歌曲，融入了冀东皮影戏腔调。刘大为、管桦合写的《出关进口》，介绍尖兵剧社反攻情况，发表于《冀东日报》。

1946 年 3 月，冀东区建国学院文工团正式成立。该文工团重视学习有关党的文艺方针政策，先后组织学习了毛泽东《在延安文艺座谈会上的讲话》《反对自由主义》等文章，进行了文艺思想和组织纪律的整顿。

1946 年 5 月，李劫夫创作歌曲《五月的歌》，刘大为作词。

刘大为、朱希明写出配合土改的话剧《阴谋》，受到群众好评，得到政治部表扬。

刘大为、管桦写出歌曲《老百姓大翻身》，李劫夫作曲后演出。

1946 年 6 月，耿介创作歌曲《歌唱赵庆兰》（即新中国成立后流传的《太阳一出满天红》）。李劫夫吸收冀东皮影调，重新谱曲，改编了原眉户曲调《大家喜欢》，这是最早以皮影曲调谱写的歌剧。

1946 年，在滦东活动的多个剧团与文艺工作者都去往东北战场。春末夏初，冀东军区奉命由詹才芳司令员率部组建辽西纵队。为活跃部队文艺生活，开展战时宣传，从冀东军区文工团抽调人员组建辽西纵队文工队，下设戏剧分队、音乐分队、文艺创作分队。军区文工团原音乐队队长秦世杰调任队长，文工团原戏剧队副队长冯树奎调任副队长。率领文工团赴辽西的，还有军区文工团副团长、原尖兵剧社第一任社长、老艺术家张茵青同志。

辽西纵队文工队从遵化经建昌，出冷口，过青龙，奔赴辽西途中，张茵青同志导演了小歌剧《担水前后》。

1946 年 6 月，原冀热辽第十六军分区改为冀东十二军分区，因前锋剧社挺进东北，亟须组建新的文工队。辽西纵队文工队由建昌营到达燕河营十二军分区机关驻地，与新扩充力量一起组成了冀东军区十二军分区政治部文艺工作队。

十二军分区政治部文艺工作队先后出版文艺期刊《滦东歌声》《我们的歌声》。1946 年 6 月，滦东大众皮影社成立，卢和、张子祥分别任社长、副社长，李云亭任政治指导员，并分设卢龙县第一分社、抚宁县第一分社。

同月，冀东新华书店抚宁分店成立。

1946 年 6 月 6 日，大众剧社为昌黎全县教师座谈会进行庆贺表演。

1946 年 7 月中旬，大众剧社在荒佃庄为慰劳军队大会演出。慰问对象有昌黎县支队、县直属武装部队以及各区小队。

1946 年 8 月，路南地区的冀热辽军区第十七军分区改为冀东军区第十三军分区。"海滨剧社"改为冀东军区第十三军分区宣传队，朱燕和白村分任正、副队长，千群同志负责党的工作。8 个月时间里，剧社共演出十多场。剧目《锁着的箱子》受到昌滦乐观众热烈欢迎。随着剧社的壮大，后来演出的大型歌剧《白毛女》、大型话型《进攻》、小歌剧《蔡哑巴捉顽军》等，都受到观众热烈的欢迎。

1946 年 9 月，冀东军区十二军分区张书祥副司令员指挥部队，在红花峪迎击从昌黎向我解放区进犯之敌，旗开得胜。文工团李业同志参加了红花峪战斗，并报道了战斗中的英雄事迹。

1946 年秋，十二军分区文工队于滦东创作歌剧《赵庆兰班》和歌唱表演《歌唱赵庆兰班》。该作品原型即驻抚宁台头营六十一团八连赵庆兰班。该班班长赵庆兰以身作则，善于做深入细致的思想工作，既严格管理又耐心说服，使一个涣散落后的班，成为团结战斗的战斗班。张实同志写了长篇报道，在《冀东子弟兵报》和东北《自卫报》上都以头版整篇刊载。纪实歌剧《赵庆兰班》，李业、史忠、王健宇作词，怡明作曲。歌曲《歌唱赵庆兰班》，史忠作词，怡明作曲。该作品得到军区的嘉奖。

1946 年冬，昌黎县内国民党军队开始"扫荡"，大众剧社的活动被迫中断。大部分教师和学生都随部队转移。

1946 年 11 月 14 日，中共冀东十二地委社会部创办了《锄保工作参考材料》，油印，32 开，属秘密刊物，第一期共 13 页。

1946 年，新华社滦东支社创办了《通讯工作通报》，油印，32 开。1947 年 1 月，冀东十二军分区文工队随军分区机关由重峪口、燕河营一带转移到台头营一带。

1947 年 1 月 11 日，海滨剧社的建设者原十七军分区副政委曾辉于滦县牺牲。同月，为了悼念曾辉同志，十三军分区（原冀热辽十七军分区）宣传队编演了《在渤海湾上》，演员唱，战士、群众也唱；还有多幕剧《拭泪杀敌》。军民感伤，久久不能退场。

1947 年，冀东十二军分区文工团团长秦世杰同志调分区独立一团政治处任领导职务。曾任十八军分区十三旅宣传队队长的刘健夫同志，被任命为十二军分区文工队第二任队长，王建宇为副队长，张伯安为副政治指导员代理政治指导员。文工队改为十二军分区政治部宣传队。

1947 年 4 月，冀东区建国学院文工团改称冀东区党委文艺工作团。

1947 年 5 月，滦东战役打响，十二军分区文工队参加战斗。张伯安同志参加掩埋烈士的工作，冀东第一届战斗英雄冯林同志在攻打上庄坨牺牲后，由其掩埋。文工队分为若干小组，深入游击区连队，开展文娱活动，参加打埋伏。一些同志还参加了卸道钉、拆夹板、掀铁轨等破坏北宁铁路的破交任务。战斗间歇，十二军分区文工队与连队文艺骨干一起，组织小型演出，还编写《破交歌》等歌曲。

1947 年 7 月，我军集中优势兵力，配合东北解放战场，第一次攻打昌黎。刘大为、管桦二位同志奉命跟随攻城部队进行报道，战斗中，管桦为攻城部队拍照，刘大为跟突击队一起第六个登上城头。第二天，二人合写了《二十分钟——攻克昌黎目击记》和《昌黎解放以后》两篇报道，及时登在《冀东子弟兵》和《冀东日报》上。昌黎解放后，刘大为、管桦又奉命为被我军保护到城外的数千名中学生以及汇文中学校长和教员刘清芬，还有美国传教士等讲话，受到极大欢迎。

吴群同志拍摄了《冀东军区独十旅进军昌黎城》《架梯登城》等一系列照片，记录了指战员为解放昌黎英勇作战。

十二军区文工团参加了解放昌黎的战斗，开展宣传工作，接收俘虏等，如张岚同志参加了救护、转运伤员的工作。

1947 年 9 月，冀东军区部队（九纵）开赴东北作战，九纵文工团随军作战，行军 75 公里出冷口到达干沟，又日夜兼程向杨仗子与锦西之间前进，每天行军百里。在行军途中，文工团走在大部队前，在部队必经之路的山坡上，设鼓动棚、扯起标语，当部队走近时，锣鼓齐鸣、管弦乐齐奏、扭秧歌、数快板、宣扬英雄事迹，沿途做宣传鼓动工作。

战斗间隙，李劫夫、管桦创作《归队立功》，并选择有小山头的地形搭台，演出到最后冲锋时，将天幕打开，显示出真实的地形，全体演出人员受到一致好评。

1947 年夏，昌黎县文艺宣传队成立。

1947 年 10 月，九纵文工团到干沟休整、发棉衣。李劫夫、管桦受到冀热辽军区的通令嘉奖。

1947 年底，十二军分区宣传队印制了杂志《战士之歌》。

1948 年春，唐山专署（驻昌黎）接收原昌黎城内旧戏班，建立胜利剧社。

1948 年春，滦东文工团成立，该团是在滦东地委党校文工小组的基础上成立和发展壮大起来的。

1948 年 1 月 26 日，冀东十二军分区宣传委员会出版《平分通讯》，油印，32 开，创刊号共 6 页。

1948 年 4 月，冀东军区十三军分区宣传队（原海滨剧社）在昨非率领下编入东北野战军第十一纵队文工团。白村、华园在路南又新组建宣传队，大量的教师、中学生涌进军分区宣传队。5 月，昨非率宣传队返回路南，与新的宣传队合并。

1948 年 7 月，中共冀东十二地委出版了《工作通讯》。

1948 年 8 月，冀东军区十三军分区（原冀热辽军区第十七军分区）宣传队一分为二，昨非带领 30 多人奉命北上编入野战军，调往冀热辽前线指挥部，成立了文工团。后改名为东北野战军第二兵团政治部文工团，黄河任团长，昨非任副团长，参加了辽沈战役。攻克锦州后，随东野先遣兵团即刻入关，参加平津战役。1948 年 12 月，易名为中国人民解放军第十三兵团文工团。留在路南的有 20 多人。白村任队长，华园任副指导员。宣传队又陆续招收一批新队员，很快充实到 30 多人，经过短期整训，随即开始了新的任务，为部队巡回演出，下连队开展群众性文娱活动。

1948 年 8 月，为配合东北野战军第十一纵队和冀东十五军分区部队作战，冀东区党委文艺工作团从遵化县杨庄子出发，途经遵化、迁西、迁安，进入卢龙县区域内，沿途慰问解放军作战部队和支前群众，最后进入严头村与十二地委所在地花台村。

正值东北野战军发起了辽沈战役，国民党军队由"全面防御"转为"重点防御"，战局急剧变化。京、津学生举行了声势浩大的示威游行。为声援蒋管区的斗争，揭露国民党残酷镇压学生运动及必败的命运，连衡编写了活报剧《反饥饿，反内战》。

1948 年 9 月 15 日，昌黎县城解放后，冀东区党委文艺工作团随军进入昌黎开展宣传工作，沿街书写大标语、墙头漫画，到中小学教唱革命歌曲，宣传党的政策，歌颂我军胜利。与此同时，另一部分文工团团员随部队开赴北戴河北面猫儿山进行宣传工作。

为配合秦皇岛与唐山的城市解放，冀东区党委文艺工作团调整排练了《大家喜欢》《宝山参军》《白包袱》《全家忙》《牛永贵负伤》，新排了小歌剧《归队》，最后集中力量排练了解放区著名大型歌剧《白毛女》。

1948 年 9 月，十二军分区文工团政治指导员张伯安与晓峰、宗奎元、王月桥等人，到一团各连队，阻击辽沈战役期间南窜华北之敌。部队过界岭口到青龙县一带，敌又欲逃往秦皇岛，部队强行军追至义院口半壁山，与敌四个团遭遇。晓峰同志壮烈牺牲，被军分区党委授予"模范宣传员"称号。

1948 年 9 月，滦东文工团排演了第一个中型歌剧《牛永贵负伤》。正值此时，处于北宁线上的文化重镇昌黎县第三次解放了。文工团从缴获的战利品中获得一些白布、几条枪和几套国民党军官穿的服装，并制成了天幕、大幕，可以独立演出了。

1948 年 9 月，十二军分区宣传队出版专辑《唱英模》。

1948 年 10 月，团长李时调离冀东区党委文工团，连衡任团长，江春一任副团长。

1948 年秋，十三地委的贺秉章同志调任十二地委（即滦东地委）书记时，把十三地委文工团的一半力量带来路北和滦东文工团合并。这是十三文工团首次向兄弟部队输送文艺骨干。从此，两团的关系非常密切，有"姊妹团"之说。

1948 年 11 月，中央军委命令第九纵队改编为中国人民解放军第四野战军第 46 军。第九纵宣传队改称第 46 军政治部宣传队。

1948 年 11 月 27 日，秦皇岛解放，冀东十三军分区部队进驻秦皇岛市，根据当时的形势需要，立即建立了秦榆市，并建立秦榆市军事管理委员会。军管会设宣传组、文教组。白村任秦榆市警备区政治部宣传队队长。在军管会领导下，组建了道北文化馆和新华书店等。

1948 年 12 月，46 军政治部宣传队（原尖兵剧社、九纵宣传队）随部队从冷口、桃林口越长城，返回冀东。

1948 年冬，滦东文工团奉命随地委机关进驻昌黎县城。进城后，文工团广录人才，先后从昌黎、滦县、抚宁、山海关吸收了一批人员，他们大部分是教员、学生。

1948 年，冀东军区文工团把《歌唱赵庆兰班》曲子重新填词，改为《歌唱毛主席》，先在唐山电台播出，后发表在《唐山歌声》，南下后传入上海。上海乐团女声合唱队灌制了唱片，从此流行全国各地。此后，《歌唱毛主席》又先后被收入河北省《国庆十周年献礼歌曲集》及《毛泽东颂歌》中。

1949 年 1 月 1 日，冀东区党委文艺工作团奉命从遵化县康庄子出发开赴秦皇岛市，经七日行军，驻于港口吉庆里，并开始宣传和演出活动。为庆祝中国人民解放军取得辽沈战役的伟大胜利，揭露国民党为挽救败局玩弄假和平欺骗群众，文艺工作团团长连衡同志编写了大型活报剧《和平梦》，并在秦皇岛街头、广场演出。

1949 年初，秦皇岛市组建人民政府教育科，并设专管文化的干部。

1949 年初，人民解放军铁道兵文工团由东北进关，经过昌黎作短暂演出。滦东文工团观摩了他们的铜管乐合奏及部分小歌剧，向他们学习了《光宗耀祖》《军民互助》《军爱民民拥军》等小歌剧，并向他们学习了东北大秧歌。

1949 年 3 月，卢龙县建立人民文化馆。

1949 年 4 月，冀东十三地委文工团（路南文工团）进驻秦皇岛，全团 41 人，男 27 人，女 14 人，团长朱燕，政治指导员千群（后任河北省群众艺术馆馆长）。后调毕胜任政治指导员，千群改任文美队队长。

1949 年 5 月，冀东十三地委文工团更名"秦皇岛市委文工团"，朱燕任团长。1952 年，该团撤销建制。该团从成立到撤销，创作、演出了大型歌剧《地主心》，中、小型歌剧《曹大嫂得枪》《送粮》《分粮》，秧歌剧《人穷志不穷》，小话剧《瞎子开荒》，歌曲、舞蹈、表演唱《歌唱毛主席》《解放区像天堂》《送年灯》《翻身年》《花兰舞》《送军粮》《过新年》《小上坟》等。其中歌曲《歌唱毛主席》于 1949 年由中国唱片公司灌制成唱片，后又收入《毛泽东颂歌》。除自编的演出节目外，还有《血泪仇》《白毛女》《刘胡兰》《大家欢喜》《宝山参军》《如此中央军》等戏。

第四章

滦东抗战文化的三个宝贵遗存

1941 年，曾克林率部东进建立滦东抗日游击根据地。跨越滦河，兵进滦东，是险棋，也是杀招。冀东子弟兵有了更大的回旋空间，进可越长城，收复东北三省；退可游击作战，确保根据地基本区安全。滦东地处华北与伪满洲国交界，日伪统治严苛，在乡村设立高级小学，宣传"大东亚新秩序""大东亚圣战"等强盗理论，强制推行汉奸文化，麻醉毒化人民群众。因此，滦东的战斗不光是军事斗争，更是焕发民族精神，教育群众，从意识上改造群众的价值观之战。"第二战场"没有硝烟，人心向背，影响更为深远。

一、一册昌黎抗日学校的小说教材

那句不止激励过一代人的名言警句"我们是中国人，我们热爱自己的祖国！"出自中篇小说《小英雄雨来》。该作品早在新中国成立之初就被选入全国中小学语文教科书，感染和教育了不止一代人。但很少有人知道，它的蓝本是"冀东文艺三剑客"之一的管桦在昌黎路南游击作战时创作的。

1944 年正月，尖兵剧社的管桦同刘大为、李碧冰、王世昌四人组成文工组，到北宁路南的昌黎赤崖一带活动。主要任务是出版《大众报》，配合抗日武装开展宣传。当时，昌黎抗日民主政府在赤崖小学原址建立抗日中学，并委托管桦编写语文课本。四人便在小村庄里安顿下来。

雨来的形象绝不是凭空想象。他是抗日战争年代冀东少年儿童的一个缩影，其中也包括管桦本人在内。小说中芦花戏水、星夜攻读、智护交通员的情节，苇丛雏鸭、五谷飘香的田园风光景物，鲜活的方言土语，无一不是数十年前那场风起云涌的民族解放战争中燕赵大地的真实写照。

管桦离家奔赴抗日战场，长年转战南北，但浓浓的乡情，给他带来了无限的眷恋。他从小目睹了年长他几岁的本村儿童团团长，带领一群天真无邪的儿童，站岗放哨，给八路军送鸡毛信，上树瞭望，捕捉敌情。他从军后，童年时代的情景总是像演电影似的一幕幕在他脑海中浮现。就这样，管桦在昌黎路南创作了《小英雄雨来》的最初蓝本，即以"我们是中国人，我们热爱自己的祖国！"这句名言为核心的爱国小故事。

1948 年，管桦因病离开部队，到东北鲁迅文艺学院研究室做研究员。他将曾经的稿子收集起来，并请时任研究室主任的周立波审阅。周立波被小说中主人公雨来的精神所吸引、感动，连连称赞这篇小说写得有骨有肉，非常值得一读，是一篇不可多得的佳作。1948 年，《雨来没有死》发表在《人民日报》前身《晋察冀日报》上，受到广大读者的一致好评。新中国成立之初，教育部一位负责教科书的编审专程找到管桦，告知他《小英雄雨来》被选进了全国语文课本。

从此，小英雄雨来便成了那个时代全国少年心目中的英雄。直到如今，曾经学着雨来的故事长大的人们都常常会重温《小英雄雨来》中的名句："我们是中国人，我们热爱自己的祖国！"

二、一组八路军在滦东的照片

延安文艺座谈会召开后，滦东抗日摄影创作迎来了"春天"。雷烨、张进学、罗光达、齐观山等摄影艺术家来到滦东，拍摄了《滦河晓渡》《解放山海关》《沙坨塔上的八路军哨兵》《战斗在冀东古长城一带的八路军战士靠吃炒米、野菜坚持抗日斗争》等一系列至今家喻户晓的作品。如今，当我们看到这些照片，回味曾经的故事，是否还能记得曾为拍摄、保存这些照片牺牲的摄影师与战士们？

所有摄影者中，雷烨来滦东时间最早，摄影水平也最高。雷烨原名项俊文，1916 年出生于浙江金华。到延安后改名雷烨，在抗大学习。1939 年，雷烨主动要求随军挺进冀东抗日最前线。他深入冀热边境长城内外，在极端困难和险恶的环境

滦河晓渡（雷烨摄）

中，从事新闻采访报道工作，1943年牺牲时任冀东军分区政治部组织科科长。他曾用相机拍摄《驰骋滦河挺进热南》《行进在祖国的边城》《熊熊篝火》《塞外宿营》《山岗晚炊》等摄影作品，记录了冀东八路军扬帆东渡滦河与挺进热南的情景。他是中国公布的首批300名抗日英烈中唯一的摄影记者，也是世界百名杰出战地记者之一。

1942年冬，雷烨被选为晋察冀边区第一届参议会的参议员，带着照相机和所拍摄照片来到冀西。在这里他结识了另一位著名红色摄影师、晋察冀画报社主任沙飞。沙飞立即意识到了这批照片的价值。他十分兴奋，要在画报上选登一部分照片，并相约一同拍摄将日军驱逐出山海关的情景。雷烨欣然答应，并为此日夜整理。但就在雷烨即将撰写完成照片说明时，一场惨剧发生了。日军包围了他所在的村庄，他用手枪掩护警卫员突围，终因寡不敌众，在南段峪村身负重伤，他从容地砸碎了照相机和自来水笔，用最后一颗子弹自尽，壮烈殉国。

遇难后，战友们从他身上找到那本带血的相册。晋察冀画报社指导员赵烈在雷烨牺牲后将相册收藏起来，并在上面写了怀念的话，但几个月后，赵烈也为保卫相册而牺牲了。

底片被送到柏崖村同陷包围的沙飞手中。沙飞怕底片受潮，将底片用牛皮纸包好，分成了四大箱，警卫员赵银德背两箱，他自己背两箱。他独自背着两箱底片向村外冲，很快体力不支，将底片交给身边的一名叫李明的编辑。李明背着底片继续突围，却不幸遇难，牺牲前将底片坚壁。

当时，赵银德背着另外两箱底片也在奋力突围。他已经做好牺牲的准备，将底片藏在草坑里，待躲过日军的搜索后，又把两箱底片完好无损地找了回来。沙飞与赵银德重逢后，头一句话就问："底片背出来了吗？"赵银德说："背出来了。"

沙飞很激动，锤着赵银德的胸膛："小赵你还真把底片背出来了！"

不久，刊登雷烨作品的《晋察冀画报》第三期出版了，而雷烨和许多同志已经不能亲眼看到它了。为了悼念这位忠实的革命战友、出色的摄影家，画报在这一期里增辟专页，刊登了雷烨的遗作《滦河曲》作为永恒的纪念。

柏崖村突围，沙飞为了保护底片，跑掉了鞋和袜子，光着脚在山间雪路跑了十几里路，双脚被严重冻伤，肉都快被磨没了。医生要为他截肢。沙飞哭着请求保住他的脚。他说："我是记者，我不能没有脚。"他哀求大夫，但大夫没有表态。后来经军区政治部主任朱良才协调，同意对他保守治疗。沙飞的脚暂时保住了，却很长时间不能行走，与雷烨许下"拍摄收复山海关"的愿望也破灭了。

长城代表中华民族，而山海关则代表了长城。长城抗战就是在这里开始。沙飞将白求恩大夫逝世前留给他的相机交给张进学，并叮嘱他一定要"把部队开进天下第一关山海关时的雄伟场面拍摄下来"。

沙飞很珍惜白求恩这件珍贵礼物。把它借予张进学，既是对爱徒的鼓励，也体现了对拍摄八路军收复山海关、进军东北的渴望。沙飞、雷烨与张进学的愿望直到1945年8月才最终实现。

大反攻开始后，张进学用沙飞借给他的相机拍下了八路军战士穿过山海关的不朽画面。沙飞将这幅作品作为1945年12月出版的《晋察冀画报》第9、10期合刊本的封面。这幅作品后来被认为是"反映八路军军事胜利的重要摄影代表作之一"。

三、一条红军长征用过的皮带

秦皇岛市解放后组建的第一个文艺团体——秦皇岛市文工团，前身是1945年成立活动于昌（黎）滦（县）乐（亭）的冀热辽军区第十七军分区海滨剧社。

剧社成立时，军分区既没有钱财，也没有粮食，甚至连乐器都凑不全，只得到一条红军老连长在长征时留下的"红军的皮带"。

曾辉，原名曾启静，1906年出生于江西省吉安县，是一名参加过反"围剿"和长征的老红军。他从抗日军政大学毕业后，来到冀东地区，开辟抗日根据地。曾辉在担任十二团政治委员期间，曾指挥十二团伏击日军，手刃潘家峪惨案制造者佐佐木二郎。

1945 年 1 月 4 日，军区调曾辉前往冀东铁路沿线以南的第十七军分区任副政委。剧社成立那天，曾辉扎着这条"红军的皮带"出现在剧社同志们的面前，他将这珍贵的皮带庄重地交给了剧社。

1947 年 1 月 11 日，曾辉与地委及分区领导在转移途中，因消息泄露，被国民党三个团包围。在敌众我寡的情况下，身负重伤的曾辉忍着剧痛，用轻机枪迎敌，叫警卫员从副司令张振宇遗体上摘下公文包，郑重地命令警卫员："这三个公文包里都是党的核心机密和重要文件，一定要保护好，突围后交给上级。万一冲不出去时，一定要就地销毁，切不可落入敌手。"随后，曾辉伏在土窑后面的草丛中，用机枪掩护战士们突围。子弹打光了，敌人的子弹像雨点一样倾泻过来，曾辉仰面倒在草丛之中。那个将长征时留存下来的珍贵皮带赠予海滨剧社、谈笑风生的曾辉政委永远地离开了大家。

为了悼念剧社的创始人曾辉同志，已成为第十三军分区宣传队的海滨剧社编演了《在渤海湾上》，演员唱，战士、群众也唱；多幕剧《拭泪杀敌》，看得战士流泪、群众哭泣，落幕后没有掌声，一片沉寂，许久后人群中喊出"人民英雄不能死！""我们的英雄不能死！""不能让他们死！"。观众一片呼声，久久不退场。

1949 年 4 月，地委文工团（原海滨剧社）进驻秦皇岛，并更名"秦皇岛市委文工团"，成为该市第一个文艺团体，朱燕仍任团长，许多十三军分区文工团的同志后来在秦皇岛成了知名专家或担任市领导职务。那根红军长征用过的皮带也在秦皇岛留存了下来。一条凝聚着长征精神与延安精神的皮带，成为秦皇岛文化工作起步时的所有家当与"坚定信仰，艰苦奋斗，舍生忘死，不怕牺牲"的精神象征。

第二部分

党史学习教育主题展

第一章
"我的征程是无言山海"
——庆祝建党百年·秦皇岛红色无线电历史展

　　回首百年，无线通信战线在中国共产党领导下的秦皇岛革命事业中发挥了十分重要的作用。从滦河东畔到柳河北山，从渤海岸边到长城内外，从抗日战争胜利到大军入关，中国共产党在领导秦皇岛人民书写革命壮丽诗篇的同时，也留下了一系列依托红色电波成就革命事业的精彩故事和宝贵经验。

　　在建党百年之际，为契合《致敬"永不消逝的电波"百日巡回展》与秦皇岛市党史学习教育，在河北省秦皇岛无线电监督执法局、秦皇岛市委党史研究室、秦皇岛市旅游和文化广电局的组织、指导下，我们系统回顾了革命时期秦皇岛红色通信的发展历程，展示了一批在秦皇岛地区抗日战争、解放战争革命历程中红色电波发挥了独特和关键作用的经典案例，从而揭开了"没有硝烟的战场"上鲜为人知的历史事件的神秘面纱。这些弥足珍贵的红色记忆与传奇故事，不但对信息通信业持续发展和深化转型有着重要的启迪作用，更是激励秦皇岛人民克服前进道路上的困难，为谱写实现中华民族伟大复兴的中国梦秦皇岛篇章而奋斗的强大精神动力。

展览现场

一、帝国主义的入侵与秦皇岛无线通信的兴起

20 世纪初期，在两次工业革命的推动下，资本主义经济获得快速发展，一些先进的资本主义国家将"过剩资本"输出到落后的国家和地区，政治和经济相对落后的中国成为主要目标之一。西方列强通过不平等条约，取得在华的种种特权，控制了中国的经济命脉，压制了中国民族工业发展，中国无线电通信行业也未能幸免，成为列强对华经济侵略下的牺牲品。外国势力或通过不平等协议，或未经清政府允许采取种种不正当手段捷足先登，抢占了中国无线电通信的市场，侵犯了中国的通信管理主权。

1901 年，意大利发明家马可尼从加拿大的纽芬兰把无线电报拍发到了大西洋彼岸，无线电报问世。各帝国主义国家纷纷在华私设电台，数量不少于 200 家。秦皇岛作为新兴的北方不冻口岸，有着重要的地缘政治价值，法国、日本等国争相在此设台。1904 年，法国在秦皇岛设立军用无线电台，为全省最早设立的无线电台。1907 年，日本人在秦皇岛东南山处设立电台。

20 世纪初期，秦皇岛港码头

秦皇岛港早期无线电台

ae-10 型 10 瓦短波发报机

二、日军侵略，利用"无线电"进行特务统治

1933 年 1 月，侵华日军发动榆关事变。同年，占领滦东，将包括秦皇岛地区各县在内的冀东 22 个县划为"非军事区"后，策动了所谓的"华北自治"，秦皇岛沦为日本的殖民地。在军事侵略的同时，日军一方面大搞特务统治，在秦皇岛地区驻有 20 多个军警宪特组织，主要包括町田部队、中西部队、柴田部队、1482 部队、武田特务部队等，利用无线电进行特务监视。另一方面日军强占邮电设施，在秦皇岛建立了服务于侵华战争的电报局，受日伪华北电信株式会社管理。秦皇岛地区的无线电通信业与广播电台被日本侵略者垄断经营。无线电也成为协助日军攻击抗日军民、搜刮资源、严密控制滦东城乡的重要技术手段。

1934 年 6 月 27 日，北宁铁路局、天津电报局、北平电话局代表与日本驻山海关特务机关长仪我诚也、伪满洲国电信电话株式会社，在北戴河商定电话联络协定，定于 7 月 1 日正式通话。这标志着冀东地区无线电领域的通信权利落入日军之手。

中国军队在山海关抵抗日军侵略（绘画）

日军侵占山海关

华北电信株式会社资料

伪满洲国电信电话株式会社旧址

1944年2月1日，北戴河广播电台成立，由日本人兴办，用汉语播出，呼号为"XGMP"。

1945年8月16日，驻秦皇岛日军1482部队特务长甘井率兵劫持了秦皇岛港"辅平"号货轮，日军铃木中将等20余人乘船逃往日本。经毕树芝等人努力，10月2日"辅平"号货轮由日本返回秦皇岛港。

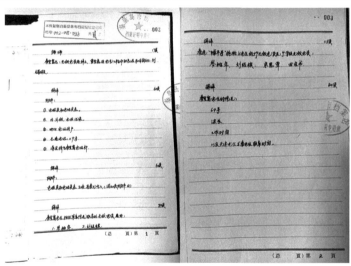

"辅平"号照片、"辅平"号无线电信号资料

三、滦东抗战中的红色电波

1942 年 8 月 18 日，中共冀东地委作出《关于河东工作的决定》，要求将滦东开辟为抗日游击区。随后，成立中共迁卢抚昌联合县工委和办事处，由原迁滦卢县委书记高敬之任书记兼主任，负责开辟滦东地区。与此同时，冀东十二团东渡滦河，在滦东采取了一系列军事行动，多次重创日军，对敌伪产生极大震撼。我党在滦东开展政治、军事攻势的同时，情报战线也开始与日军进行残酷斗争。

1942 年 12 月 16 日，北方分局社会部派任远（刘杰）等携电台一部到冀东工作。冀东地委根据分局社会部的意见，决定将原来的冀东情报站改建为冀东东北情报联络站，对外称冀东军分区联络部，番号"燕山部队"，受分局社会部和冀东地委双重领导。任远为代主任（1943 年 7 月任主任）。

联络站的工作任务，主要是侦察敌情，搜集伪满洲国军事战略、政治情报，掌握敌人的动态与变化，有了情报及时送给上级或指挥机关，以便根据情况决定我党我军的行动，伺机打击敌人；在东北发展情报人员，建立情报组织，开辟冀东的情报工作，为挺进东北作准备。此后，联络站相继在路南、路西、滦东地区建立 3 个分站。

任远（1919—2019）　出生于陕西绥德，1937 年在白区开展秘密工作，1942 年，中央派其到抚宁背牛顶宏量寺建立冀东东北情报联络站，开展冀东情报工作，任晋察冀分局社会部冀东东北情报联络站站长。在秦皇岛与日军、伪军谍报部门斗智斗勇。1949 年 4 月任铁道部公安局二处处长。新中国成立后，先后任二机部某局副局长、核二院党委书记。

由于滦东是通往东北的交通要道，日伪的控制非常严密，给情报工作带来很多困难。但情报工作人员胆大心细，迎难而上，通过认真分析，他们首先找到了可以充分利用的有利条件。即滦东地区历史上去东北经商的人很多，几乎村村都和东北有关系，便于联系和隐蔽；这一地区的人民深受日伪压迫，苦大仇深，有较好的抗日斗争基础，开展情报工作一定能取得群众的支持和帮助。

滦东地区情报联络站主要活动在秦皇岛地区，以山海关为重点，在秦皇岛、北戴河等地建立了十几个重要情报组或联络点。情报人员和当地党政干部共同努力，机智勇敢，机动灵活，巧妙地把情报工作与统战、敌工等多项工作结合起来，很快取得了积极的进展。联络站还配合地方工作人员，开展地下组织与基本群众工作。先后建立了山海关铁道支部和柳江煤矿党支部，在城市基本群众中也发展了一批地下工作人员，其中经情报站张庸（伍彤）、王钧两人发展的就有10余人。这些地下工作人员积极肯干，在极度危险的情况下缜密工作，获得了许多重要情报，及时报送给联络站或地下党组织，出色地完成了有关任务。

冀东东北情报联络站设于抚宁背牛顶宏量寺。图为背牛顶风景

我党敌后工作者深入长城外青龙"无人区"开展工作

随着滦东根据地发展壮大，秦皇岛地区包括情报工作在内的抗日活动日趋深入，日伪统治陷入了十分被动的处境。对此，敌人采用搜捕、镇压和软化拉拢等手段，千方百计地破坏党领导的抗日斗争和情报系统。汉奸特务通过柳江的一个伪保长，把联络站负责人任远的通信员王琛拉下水，使其于1943年6月叛变投敌。由于王琛的出卖，致使部分情报人员牺牲或被捕，一些关系人暴露，情报工作受到严重损失，联络站暂时停止了活动。

虽然联络站暂时停止运转，但组织框架仍然存在，我党布局于冀东、东北地区的地下工作者依旧秘密潜伏。1945年9月14日，冀热辽部队到达沈阳后，东北抗联利用电台广播了这一消息，中共地下工作者纷纷前来对接关系，仅东北工作委员会系统就有百余人前来助力。这些同志在协助正规部队接管城市、建设政权、收集日伪资财、肃清日伪军警及扩军等工作中起到重要作用。

四、冀东情报站山海关秦皇岛分站——关岛情报站

1942年10月，晋察冀中央分局社会部派任远等人来到冀东，成立了由十三地委直接领导的东北情报联络站，由任远任站长，并分别在滦东、路南和路西建立了3个情报站，通过电台直接与晋察冀分局社会部保持联系。

在建立滦东情报站的过程中，任远得知时任丰深迁联合县县长高敬之的侄子高德民在山海关车站当按内员（客运服务员），便通过高敬之联络上他。高敬之让高德民密切注意山海关的日军动向，发展车站支持抗日的职员。

接受任务后，高德民除了每天注意从山海关始发、中转和到达的客货列车确报表之外，还利用给军车服务的机会获得情报。同时，他经过观察，发现庶务副站长赵子阳，按内员李玉春、孙小民等人有爱国之心，愿意为抗日出力。

高德民将这些情况及时告诉了高敬之。高敬之通过情报联络站的报务员王钧向上级汇报后，冀热辽军区于1943年初，建立了以王钧为站长、高德民为副站长，赵子阳、李玉春、孙小民为情报员的冀东情报站山海关秦皇岛分站，简称关岛情报站。

关岛情报站除了利用工作之便收集日伪情报外，还根据冀东党组织的指示，

在山海关千方百计地瓦解敌人。

　　为了确保电台安全，关岛情报站把电台安放在海阳镇警察署署长吴明家里。从1942年底到1943年5月，滦东地区的情报站已经争取了一些大乡长、警察署署长、镇长、商务会会长、自卫团团长等敌伪头面人物。海阳镇、秦皇岛、山海关三处敌伪据点附近的伪大乡长基本上都为我党所用。海阳镇的商务会会长王兴武是我方的关系人，北戴河警察署署长曹敬甫也为抗战出力，海阳镇附近的侯庄大乡长侯廷勃主动提供敌人的活动情报。我方的情报人员也借机打入敌伪心脏中去，与敌伪军队、机关和学校建立了关系。情报站还团结了一些秦皇岛港中高级员司、中学校长等开明士绅、社会上层分子。情报站的工作还渗入日军内部，引起了敌人的极大恐慌。

便装出关的敌后武工人员

五、迁卢抚昌情报系统

迁卢抚昌情报系统是 1943 年春由冀东十二团建立并直接领导的，分设三个情报站：一是西站，以段家沟为中心，主要负责卢龙、迁安的敌情；二是南站，以骆驼营为中心，主要负责昌黎、抚宁南部的敌情；三是北（东）站，以石槽峪为中心，主要负责抚宁大部分地区的敌情。这三个站建立起侦察员、内线、关系人融为一体的骨干队伍，形成了一个敌情我明、敌动我知的网络系统。领导机关、各种兵力的每一次安全转移，部队每打一次胜仗，大都与情报人员事先提供的准确情报有关，情报工作被各级领导称赞为"抗日斗争的耳目和神经"。

（一）柳河北山无线电台的设立

冀东十二团东渡滦河驻扎于柳河北山村。这里还是冀东十二地委和专署的办公地。1943 年 4 月，无线电台负责人裕祺率员 4 人，驻柳河北山村张际尧、张子尧家，1 个月后转移到"柳河圈"一带执行架台任务。无线电台的设立使滦东根据地及时精准地收发上级指示和军事情报，对敌人的行踪轨迹了如指掌，使敌人成了"瞎子""聋子"，保证了我党政军机关和冀东抗日根据地的军民及时进行战略性安全转移，有效组织对敌斗争，使抗战根据地的党政军机关和敌后抗日设施毫发无损，谱写了气壮山河的篇章。

建设于柳河北山的冀东抗战纪念馆

1943 年冬，坚持战斗在滦东的冀东十二团团长曾克林（左一）等在柳河圈留影

柳河北山冀东抗日根据地电台旧址

（二）五峰山八路军电台的设立

中国共产党的主要创始人之一、革命先驱李大钊与五峰山有不解之缘。从1907 年夏第一次游历五峰山到 1924 年 5 月最后一次来五峰山避难，李大钊短暂的38 年人生中，曾 8 次登临昌黎县的五峰山，并写下不朽名篇《再论问题与主义》和《我的马克思主义观》，推动并扩大了马克思主义思想在中国的传播。

抗战时期，五峰山也是八路军重要的驻地，常驻有滦东抗日机关和部队。十六军分区电台就曾设在这里。1944 年 7 月 3 日，400 多名日、伪军夜间偷袭五峰山村。我方埋放的地雷炸死了日军的警犬。我民兵认为是山里野狼踩上地雷，没估计到敌人来犯。敌人没撤回，就地隐蔽，拂晓包围了村子，在村四周乱鸣枪。我民兵立即集合队伍奋起突围，一面阻击敌人，一面掩护冀热辽十六军分区专署机关电台和群众转移。这场突围战敌方伤亡很大，我方牺牲 4 人，其中包括电台的 2 名同志与村里龙恒（中共党员）兄妹二人，还有 6 名群众受伤。

五峰山风景

（三）西山场焦家山电台的设立

1944 年，冀东军分区改建的冀东军区扩建成了冀热辽军区，坚持战斗在斗争环境最险恶的滦东地区的八路军被冀热辽军区第十六军分区所辖。十六军分区的司令部常常隐蔽在西山场一带，军分区的电台也时常设在这里，有时一设就是几个月。1945 年 2 月中旬，正过旧历年的时候，八路军的电台在五峰山一带驻扎时被敌人发现，于是转移到了焦家山焦如海家中。与十六军分区电台在一起的还有后方医院卫生所、制药组、卫训队的八路军。

冀东八路军电台旧址

十六军分区电台的译电员刘珍是军分区副政委唐凯的爱人，与焦如海的大闺女焦瑞兰住一个屋。在这里，十六军分区司令员曾克林与女八路军程君喜结良缘。军分区副司令员李道之的夫人刘云孝临产，也选在了焦家山。一时焦家山成了十六军分区司令部的"后方基地"。

几天后，敌人又到这一带搜山"围剿"。八路军电台负责人躲在焦家山附近的山洞内，才得以安然脱身。"围剿"过后，八路军的电台和后方医院依然隐蔽在这里。

1945 年 8 月 5 日，由于叛徒告密，垂死挣扎的日本侵略者组织上千人的讨伐队，分三路包围了西山场。当时西山场周边的山头上站满了敌人。因事先没得到情报，转移已来不及了，焦家人忙带领电台和卫生所的战士躲进隐蔽洞、钻进深山沟，在敌人眼皮底下藏了起来。敌人在山上山下找了整整一天，也没找到电台和医疗所。

六、救国报社电台"星火部队"

1943 年冬天，晋察冀军区冀东军分区和中共冀热边区特委的机关报《救国报》的编辑部、印报所和收报台，为躲避敌人的"大扫荡"，从滦河西边转移过来后，潜伏在昌黎西山场村。编辑部设在了凤凰山西北的冯家山，印报所设在了半壁店，收报台设在了西山场焦家山。三个村庄均隔山相望。隐蔽在这里的八路军报社电台，代号叫"星火部队"，是专门负责接收新华社电讯的电台，选址位于西山场焦家山。

八路军电台遗址位于西山场村东焦家山东北方向的罗峪儿深处。电台原址为 10 余平方米的山坯房，是从较高的山体内抠出来的半洞半房的建筑物，门外有一个小小的台阶。原址因长期受山水冲刷，几近坍塌，几年前才得以修复。修复后的八路军电台遗址基本保持了原貌，房高 2.4 米，面积约 15

救国报报社出版的《论持久战》

平方米。据西山场村支书赵瑞峰介绍，房屋内的西南靠内两部分的山坯墙与原址基本保持一致，外围的青砖墙是由于支撑房屋的木顶梁已经腐烂，修复时为了加固遗址而特意增加。西南靠内的墙壁上，有一清晰可见内凹的长形窿洞，此为八路军战士工作时放置煤油灯的地方。据观察，房屋内壁里侧共有三至四个煤油灯洞座。遗址周围以栎树、松树为主，间杂多种灌木。

"星火部队"电台组长是任朴，报务员有烈华、西华、生华（三元）等，译电员有王振邦、刘保民、张云峰等。两个半月后，又调来了王和风任刻字员，张书元任译电员，主要负责收报、译电任务和报社编辑组出版《救国报》和《新长城》杂志的任务。

1943 年 12 月底，新年前夕，冀热辽特委和司令部以电报通知报社，因敌情有变，命令报社和电台全体人员立即返回冀东中部地区与特委机关会合，电台也得到地方党组织的通报，说敌人有出城行动的迹象。因此，迁卢抚昌联合县派地方武装一个连队，护送救国报社机关和电台向中部地区转移。

七、重组后的滦东情报联络站——泰山部队

1945 年 1 月，在十二地委的领导下，滦东情报联络站重组，恢复了正常工作，化名"泰山部队"。4 月，这个联络站的组织进一步扩大，由冀东区党委直接领导，继续活动在秦皇岛、山海关一带。情报人员冒着随时可能被捕和牺牲的危险，与日伪巧妙地周旋，努力收集敌人的军事、政治、经济以及特务组织分布和活动等方面的各种重要情报。鲁文、张布等人还机智地深入敌穴猎取军事情报，策动敌伪人员反正。1945 年夏天，

我军在深山坚持游击战争

情报员张布在日军占据并严格布控的秦皇岛港，通过与三等员司刘静波的密切配合，搞出了秦皇岛军用海图，为配合我军向日本侵略者反攻作出了重要贡献。

八、解放战争中的红色电波——辽沈战役第一枪指挥部电台

1948 年 9 月 12 日，中国人民解放战争三大战役之一的辽沈战役拉开序幕，切断纵贯辽西走廊、连接关内外重要陆路通道的北宁线（北平—沈阳）是战役的关键，昌黎是北宁线的关键节点，第三次解放昌黎是打响辽沈战役的第一枪，第三次解放昌黎的指挥部及电台就设在长峪山村。

三次解放昌黎的指挥部均设在长峪山村。第一次解放昌黎，指挥部设于村南赵瑞富家，冀东军区独立第十旅旅长曾雍雅在此指挥；第二次解放昌黎，指挥部设于村西南赵长林家，由东北野战军第十一纵队三十一师师长欧致富指挥；第三次解放昌黎，指挥部也设于村西南赵长林家，由东北野战军第十一纵队司令员贺晋年、副司令周仁杰和欧致富指挥。

解放昌黎战役的指挥部设于长峪山村

指挥部东侧峭崖有百年松树，解放军电台曾设于树下

曾雍雅（1917—1995），江西省雩都县（今于都县）人，1930年在当地参加游击队，1931年被编入中国工农红军。1932年加入中国共产主义青年团，同年加入中国共产党，曾参与第一次解放昌黎的战斗。1955年被授予少将军衔。

贺晋年（1910—2003），陕西省安定县（今子长市）贺家湾人，陕北红军创建人之一，原军委装甲兵副司令员（正大军区职待遇），曾参与三次解放昌黎的战斗，1955年被授予少将军衔。

欧致富（1915—1999），广西壮族自治区田阳县人，曾参加红军长征、抗日战争、解放战争等。新中国成立后，历任副军长兼师长、兵团副司令员、副军长兼炮兵主任、广州军区副参谋长、广西军区司令员、广西壮族自治区革委会第一副主任、广州军区副司令员等职。曾参与解放昌黎的战斗。1955年被授予少将军衔。

九、雄师入关——山海关四野临时指挥部电台

1948 年 11 月，人民解放军挥师入关，电台设于山海关城内，作为四野临时指挥部指挥东北野战军分三路从冷口、喜峰口、山海关进入冀东，准备进行平津战役。1948 年 11 月 27 日也因此成为秦皇岛解放的日子。

山海关保卫战纪念厅

位于山海关的四野临时指挥部旧址

《人民日报》关于秦皇岛、山海关解放的报道

四野大军入关受到群众欢迎

结束语

纵深回顾秦皇岛红色无线电历史，致力传承无线电事业光荣传统，经历了近半年时间深入老区一线的实地采访和广泛调研，庆祝建党百年滦东红色无线电台的历史画卷终于铺展在公众面前，让我们对红色电波有了深层次的了解。历史留给我们的不仅是可歌可泣的故事和永不磨灭的记忆，更是用无数先辈的实践真知向我们传递的宝贵经验。

从八路军东渡滦河建立滦东抗日游击根据地，到跨越长城建立凌青绥根据地，再到滦东子弟兵率先出关布局东北；从柳河北山无线电台的设立，到花厂峪靴脚沟的突围，再到山海关的光复、秦皇岛的解放，中国共产党在领导滦东人民书写秦皇岛革命事业壮丽诗篇的同时，也留下了一系列依托无线电通信成就革命事业的精彩篇章和宝贵经验。通过系统回顾秦皇岛红色无线电事业的发展历程，深入探究无线电事业之于中国革命历程的独特和关键作用，我们惊喜地发现，其中的许多宝贵经验及党史资源仍具有较强的现实意义，为当前无线电事业的持续发展提供了有益的启示。

习近平总书记强调："党的历史是最生动、最有说服力的教科书。"站在新的历史节点上回首中国共产党百年辉煌历史，我们会发现，党领导下的无线电事业的宝贵经验及老一辈无线电工作者的光荣传统弥足珍贵，为我们紧紧抓住机遇、承担起新的历史使命提供了很好的借鉴，激励新时代无线电工作者创造不负时代的新的辉煌。

第二章
近代秦皇岛无线电大事记

一、新中国成立前秦皇岛地区的电报电信机构

（一）秦皇岛

1899 年，设秦皇岛报房，隶属直隶官电局；翌年关闭，1906 年 5 月重新开办。1913 年 1 月，改称秦皇岛电报局，三等甲级，属直鲁电报管理局。1916 年，重划为三等电报局。1929 年 12 月，设立秦皇岛电话分局，属临榆县公立电话局管辖。1936 年 12 月，改称秦皇岛电话管理分所。1937 年 7 月，设立秦皇岛长途电话局，位于正街路西，属"冀东防共自治政府"建设厅电政管理所。1942 年 1 月，秦皇岛电报局、长途电话局、电话管理分所合并为秦皇岛电报电话局，归伪华北电信电话股份有限公司管辖。1945 年 10 月，秦皇岛电话电报机构被国民党政府接收，改称秦皇岛电信局，隶属交通部第七区电信管理局。1948 年 11 月秦皇岛解放后，成立秦榆市电话局，隶属冀东区邮电管理局。1949 年 3 月，改称秦皇岛电信局；6 月，隶属唐山电信指挥局；9 月，划归天津电信指挥局。

（二）山海关

1884 年，设山海关电报分局，归直隶官电局管辖。1900 年，八国联军入侵，山海关电报分局关闭；1906 年 5 月重新开办，属直隶官电局管辖。1913 年，改称山海关电报局。1929 年，临榆县政府集资兴办了临榆县公立电话局。1934 年 7 月，山海关长途电话局成立，隶属天津电话局。1933 年 1 月，日军占领山海关后，伪满洲

国在山海关设立山海关电报局。1935 年 8 月，改称山海关电报电话局。1936 年 12 月，临榆县立电话局被伪满洲国电信电话株式会社强占，改称临榆县电话管理所。1938 年，山海关电信机构被日伪"华北电信电话株式会社"接管。1942 年 1 月，山海关长途电话局与临榆县电话管理所、临榆电报局、山海关电报电话局合并。1933 年 1 月，其原址被日军强占，迁至南关大街。1945 年 10 月，国民党政府派人接收了山海关电信机构，改称山海关电信局，隶属交通部第七区电信管理局。1948 年山海关解放后，改设山海关报话局，隶属冀东区邮电管理局。翌年 3 月，改称山海关市报话局，划归辽西邮电管理局。

（三）昌黎

1891 年 1 月，始设昌黎电报局。1896 年，改称昌黎电报分局，1900 年关闭。1906 年，重设昌黎电报房，归直隶官电局管辖。1913 年 1 月，改为二等乙级电报局，属直鲁电报管理局。1934 年，设昌黎电话局。1938 年 8 月，昌黎电报局、电话局合并为昌黎电报电话局，隶属伪华北电信电话股份有限公司。1945 年 10 月，改称昌黎电信局，隶属交通部第七区电信管理局，直至 1948 年 9 月昌黎县城解放。1949 年 3 月，被冀东邮电管理局接管，与昌黎邮政局合并，改称邮电局；同年 6 月单设，后隶属唐山电信指挥局；10 月，划归天津电信指挥局。

（四）卢龙

1896 年 6 月，永平府城（今卢龙县城）内设永平报房；1900 年，因八国联军入侵关闭；1907 年重开，隶属直隶官电局。1913 年 1 月，改称永平电报局。1921 年，又改称永平报房，属直鲁电报管理局管辖。1933 年 5 月，设卢龙电话局。1935 年，改称卢龙电报房。1938 年 8 月 1 日，卢龙电报房与电话局合并为卢龙电报电话局。1945 年 6 月，卢龙电报电话局关闭。

（五）北戴河

1899 年，北戴河设立电报房；翌年 6 月，因八国联军入侵关闭；1905 年 5 月重开，每年 5 月至 9 月办理业务，隶属直隶官电局。1913 年，改隶直鲁电报管理局。1922 年，改称北戴河电报局，仍为夏季办公。1927 年 5 月，天津电话局在北戴河海滨设长途电话售话所，因受时局影响不久停办，1930 年重办。1934 年 6 月，北戴河电报局与北戴河海滨长途电话售话所合并，称北戴河报话营业处。1937年7月，北戴河报话营业处改称北戴河海滨电报局，变为常年营业。同月，"冀东防共自治政府"建设厅设立北戴河海滨长途电话局。北戴河火车站电信机构始设于1935年10月，时称北戴河电报收发处。1937年7月改称北戴河电报局。1938年8月，北戴河的电信机构被日伪"华北电信电话株式会社"接管，同时将北戴河海滨长途电话局和北戴河海滨电报局合并为北戴河海滨电报电话局，北戴河电报局改称北戴河电报电话局。1945年10月，国民党政府交通部接管了北戴河海滨电报电话局和北戴河电报电话局，隶属交通部第七区电信管理局。1946年11月，北戴河海滨电信局改称北戴河海滨电信营业处，北戴河电信局改称北戴河电信营业处，属秦皇岛电信局。1947年1月，又分别改称北戴河海滨电信局和北戴河电信局，划归唐山电信指挥局。同年9月，再次分别改称北戴河海滨电信营业处和北戴河电信营业处，复归秦皇岛电信局。翌年11月北戴河解放后，被人民政府接管，隶属秦榆市电话局。1949年2月，改隶秦皇岛市电信局。

（六）抚宁

1931年，抚宁留守营、台头营开设电报局，属天津电报局管辖。翌年，县城设抚宁电话局，又称县长途电话管理所。1934年6月，留守营、台头营电报局裁撤。同年，成立省属长途电话管理所。1935年9月改称抚宁报话营业处，属河北电政管理局管辖；1937年7月22日，被日伪接收；1938年1月21日重新开局。1938年8月1日，改为抚宁电报电话局，隶属日伪"华北电信电话株式会社"管辖。1945年12月，被国民党政府接收，开设抚宁五等电信局，归交通部第七区电信管理局管辖；1946年1月，核定其为三等乙级电信局，归天津电信指挥局管辖。1947年6月，抚宁电信局关闭。1949年2月，冀东十二军分区电话站由岩子口村迁入县城。

（七）临榆

1925年，天津至奉天（今沈阳）长途电话线开通，山海关长途电话处和长途电话看守所电话西通唐山，东至锦县（今辽宁省凌海市）。翌年，在山海关车站附近建房3间作为办公用房。1929年11月，在山海关城头条胡同成立临榆县公立电话局。1934年7月，山海关长途电话局成立。1936年12月，改称临榆县电话管理所。随后，山海关电报局与临榆电报局、电话管理所合并为山海关电报电话局。1945 年 10 月，改为山海关电信局，属交通部第七区电信管理局。1949 年 3 月，设立山海关报话局，属辽西管理局管辖。

（八）青龙

1934 年 2 月，伪满洲国在大杖子镇建立县电话局。1936 年 11 月，在大杖子镇建立县电报局。1939 年 6 月，县电话局与电报局合并为县电报电话局。1940 年 7 月，伪满洲国电信电话株式会社设立牛心山电报收发处。1945 年日本无条件投降后，县电报电话局关闭。1947 年 2 月，中共青龙县委军邮局和冀东十二军分区在双山子镇建立电话站。1949 年 4 月，电话站与军邮局合并为县邮电局，隶属热河省邮电管理局。

二、反侵略斗争与近代秦皇岛无线电、电信行业发展

1904 年，法国在秦皇岛设立军用无线电台，为全省最早设立的无线电台。

1907 年，日军在秦皇岛的东南占领地设立电台，可与天津及日本东京联系。

1912 年 6 月，在日军营盘建立无线电台，可与大连、青岛、北京及日本东京联系。

1923 年，秦皇岛设有无线电台 1 部，属日本管理，可办理官商电报业务。

1933 年，在伪山海关电报局设立无线电台，开通山海关对奉天和锦州无线电路。1937 年，改为只对奉天的无线电路。

1933 年 1 月 11 日，滦东各县机关团体电请抗战，临榆、昌黎、抚宁、卢龙县与都山设治局等县各团体、机关及国民党党部，一并电请南京国民政府与平津军政首脑，速定方针，统筹全策，坚决抗日，挽救危亡。该团体表示："我滦东虽当战事之冲，誓不惜任何牺牲，奋斗到底。"

1934 年 2 月，伪满洲国在大杖子镇建立县电话局。

1934 年 6 月 27 日，北宁铁路局、天津电报局、北平电话局代表与日本驻山海关特务机关长仪我诚也、伪满洲国电信电话株式会社，在北戴河商定电话联络协定，定于 7 月 1 日正式通话。这标志着冀东地区无线电领域的通信权利落入日军之手。

1937 年，七七事变后，日军接管了占领区内原南京国民政府交通部所属的各电报局。同年 7 月 31 日，日伪"华北电信电话株式会社"成立，又称华北电信电话

股份有限公司，统管华北地区的电报电话通信。翌年8月，将其以下电报局改为电报电话局，即北戴河海滨电报电话局、北戴河电报电话局、昌黎电报电话局、抚宁电报电话局、卢龙电报电话局。1942年1月，将山海关、秦皇岛各电报、电话机构合并为山海关电报电话局、秦皇岛电报电话局。1945年8月，日本无条件投降后解体。

1942年12月16日，冀东东北情报联络站建立。北方分局社会部派任远（刘杰）等携电台一部到冀东工作。此后，相继在路南、西部、滦东地区建立三个分站，由伍彤、李培德、宋敏之三人负责。

1943年春，迁卢抚昌情报系统建立。由冀东十二团建立并直接领导，分设西站、南站、北（东）站三个情报站。

1943年冬天，《救国报》的编辑部、印报所和收报台，为躲避敌人的"大扫荡"，从滦河西边转移至昌黎西山场村。

1943年12月底，因敌情有变，迁卢抚昌联合县派地方武装一个连队，护送救国报社机关和电台向中部地区转移。

1944年7月3日，400多名日、伪军夜间偷袭五峰山村。我民兵立即集合队伍奋起突围，一面阻击敌人，一面掩护冀热辽十六军分区专署机关电台和群众转移。

1944年秋，秦皇岛开滦码头情报组建立，属唐山情报网。该组由陈希恩、电话员孟令章、译电员杨桂珍三人组成。该情报组把敌人通过秦皇岛码头来往运输的电报底稿都抄给情报站一份。日本投降后，美军和国民党军队在秦皇岛登陆情报也都及时报告了解放区，使中共中央掌握了敌人进攻东北的情报。

1944年，冀热辽军区第十六军分区的司令部常常隐蔽在西山场一带，军分区的电台也时常设在这里。

1944年2月1日，北戴河广播电台成立，由日本人兴办，用汉语播出，呼号为"XGMP"。

1945年，开通山海关对天津的无线电路。

1945年1月，滦东情报联络站重组，恢复了正常工作，化名"泰山部队"。4月，这个联络站的组织进一步扩大，由冀东区党委直接领导，继续活动在秦皇岛、山海关一带。

1945 年 2 月中旬，八路军的电台转移到了焦家山、焦如海家中。1945 年 8 月 5 日，由于叛徒告密，日本侵略者组织上千人的讨伐队，分三路包围了西山场。焦家人带领电台和卫生所的战士躲进隐蔽洞，钻进深山沟，成功地躲避了敌人的搜查。

三、解放战争时期的无线电

1945 年 8 月，日本无条件投降后，日伪"华北电信电话株式会社"解体，南京国民政府交通部接收了其各电报、电话机构。同年 10 月，各地电报、电话机构改称电信局，秦皇岛地区各电信局隶属交通部第七区电信管理局领导。1948 年秦皇岛解放后解散。

1945 年 8 月 16 日，驻秦皇岛日军 1482 部队特务长甘井率兵劫持了设有无线电台的秦皇岛港"辅平"号货轮。后经毕树芝等人努力，1945 年 10 月 2 日"辅平"号货轮携电台由日本返回秦皇岛港。

1945 年 8 月，日本投降后，山海关情报工作站建立。情报站由原十二专区公安办事处处长苏锋领导。工作人员有张布、高德民、薛会五、邵长春、张改平、王友林等，活动范围是抚宁铁路、昌黎至山海关一带，工作任务是搜集军政情报、恢复情报关系人、打击敌人、巩固革命根据地等。

1946 年，秦皇岛电信局在开滦路设置无线电台，开通对天津的无线电路，日间呼号"XLD"，夜间呼号"XLF"。

1948 年 9 月 12 日，辽沈战役拉开序幕，切断纵贯辽西走廊、连接关内外重要陆路通道的北宁线（北平—沈阳）是战役的关键。昌黎是北宁线的关键节点，三次解放昌黎的指挥部及电台均设在昌黎县长峪山村。

1948 年 1 月，以行署公安局局长（区党委社会部部长）李一夫为首，建立了中共冀东区党委情报处，随后成立唐山、北平、天津、秦皇岛、承德、玉宝等 6 个情报站。1948 年 2 月秦皇岛情报站正式成立，对外称"角山部队"。站址设在抚宁县马驿沟。站长吴哲铭，副站长王巨峰、薛振东、王钧。全站共有 41 名情报侦察员，备有电台 1 部。站下设有 3 个情报组和 1 个武装小队，队长范颖华。三个组分别活动于山海关至昌黎一带。1948 年 11 月 27 日，随着秦皇岛解放，原秦皇岛情报站工作人员多数被分配到秦皇岛市公安局和山海关公安分局工作。"秦皇岛情报站"组织名称和电台保留一段时间后撤销。

1948年3月，关内外有线电路全部阻断，主要依靠无线电维持与外界的通联。山海关、秦皇岛可以和天津、唐山、锦州、沈阳联络，秦皇岛曾一度和上海建立无线电联络。

1948年11月，人民解放军挥师入关，电台设于山海关城内，作为四野临时指挥部指挥东北野战军分三路进入冀东，为打响平津战役作准备。

1949年3月，在开滦路建立贸易电台，开通对天津的无线电路。5月，秦皇岛开通对唐山和北平的无线电路。7月，贸易电台合并进电信局，继续保持对天津的无线电路。同时，秦皇岛至唐山和北平无线电路停开。1949年，山海关局恢复对天津和锦州的无线电路。

第三部分

耀华百年主题展

第一章
"中国玻璃工业摇篮"耀华玻璃厂旧址的保护与利用

　　当高耸入云的烟囱从人们的视野中淡去，人们认识到，工业遗产已成为普遍意义上的文化遗产。保护工业遗产就是保持人类文化的传承，培植社会文化的根基，维护文化的多样性和创造性，促进社会不断向前发展。保护工业遗产，不仅是留住几栋历史建筑，也留住了镌刻在砖石上的记忆。2001年，随着城市的发展，秦皇岛耀华玻璃厂东厂区整体"退城进郊"，为了记录这段历史，保护城市文脉，一些有价值的历史建筑被保留下来。其中包括电灯房、水塔和水泵房等建筑。秦皇岛市玻璃博物馆依托耀华厂旧址建造而成。

一、耀华玻璃厂工业旧址建筑群介绍

　　20世纪初是中国民族工业发展较为迅速的时期，新兴的行业工厂遍布交通便利的港口城市，舶来的西方先进生产技术与经营理念得到广泛的应用与实践。各行业工业建筑如雨后春笋，纷纷涌现。百年后，保留着大量历史信息的工业建筑失去了原有功能，许多有价值的工业遗产面临被拆毁、遗弃的厄运，对其进行保护与利用成为每座城市避之不开的话题。

耀华玻璃厂旧址

耀华玻璃厂占地1.33公顷，由水塔、水泵房、电灯房三部分独立建筑组成。耀华玻璃厂是由民族资本家周学熙与比利时乌德米财团共同出资建设，于1923年建成。2008年被河北省政府公布为河北省第五批文物保护单位。2013年5月被国务院公布为第七批全国重点文物保护单位。耀华玻璃厂是研究中国近现代工业历史的重要资源。

耀华玻璃厂水塔

　　1923年建成，砖石砌筑。原塔高度为16.7米，占地面积42.5平方米，储水容量95.69立方米。1977年对塔身进行了加固、提升，提升后高度为23.15米。2001年，随着耀华玻璃厂"退城进郊"工程的启动，水塔失去本身功能，现为秦皇岛市玻璃博物馆园区展示建筑物。

耀华玻璃厂水泵房

　　1923年建成，是水塔的配套设施，由比利时设计师设计，欧式风格，占地260平方米，其中控制室为单层圆形结构，占地61.34平方米；蓄水池为长方体结构，下有深水井，四季有水。2001年，随着耀华玻璃厂"退城进郊"工程的启动，水泵房失去本身功能，现为秦皇岛市玻璃博物馆园区展示建筑物。

耀华玻璃厂电灯房

　　耀华玻璃厂电灯房为耀华玻璃厂重要的配套服务设施。原建筑共两层，总面积2 822平方米，高13.6米，法国哥特式建筑风格。该电灯房曾为耀华玻璃厂生产、生活提供电力保障，之后为办公用房、浴池，经多次修缮，建筑保存完好，是研究中国近现代工业历史的重要资源。2008年，秦皇岛市政府对其进行整体修缮加固，并作为玻璃博物馆主展厅。

二、耀华玻璃厂旧址保护沿革

　　1921年，中国著名实业家周学熙与比利时乌德米财团共同出资创建中国首家机器法连续生产平板玻璃的企业——耀华机器制造玻璃股份有限公司，开创亚洲玻璃工业的先河，也为秦皇岛"玻璃之城"的称号奠定了基础。初建的耀华玻璃厂不仅打破了国外玻璃在中国的垄断地位，其玻璃产品还远销海外二十几个国家，产量曾达到中国玻璃使用量的三分之二。几十年的发展过程中，随着业务面的扩展，厂房面积不断扩大，其中较为出名的是1933年二号窑的建设与"一五"计划时期厂房的扩建。20世纪末，耀华玻璃厂成为拥有玻璃纤维、玻璃管、钢化玻璃、防弹玻璃、镀膜玻璃等众多分厂的综合性玻璃生产企业，创造了一个又一个业内第一。2001年，耀华玻璃厂"退城进郊"，进入新的发展阶段。同时，在秦皇岛市海港区南部留下了庞大的工业遗产群落。随着工业化城市化迅猛发展，大量旧工业厂房面临被拆毁、遗弃的厄运，国家对工业旧址的保护利用也逐步规范化、法治化。在此形势下，耀华玻璃厂旧址的维护与利用被提上日程，三座近代建筑及1.33公顷的园区被保留下来。2008 年，耀华玻璃厂旧址群落被河北省政府公布为河北省第五批文物保护单位，并由秦皇岛市政府出资对旧址进行管理、修缮和再利用。同年，依托旧址建设的秦皇岛市玻璃博物馆开工建设。2013 年 5 月，耀华玻璃厂旧址群落被国务院公布为第七批全国重点文物保护单位，正式纳入全国重点文物保护范畴。

三、秦皇岛市玻璃博物馆筹建

百年历史，风云激荡。对于蓬勃向上、快速发展的国家与城市来说一百年太短，时间走得太急，但渐行渐远的历史，不应当淡出我们的视野。留下的载体越多，历史就越清晰。抢救性保护历史建筑问题被提上了议程。耀华不仅是中国玻璃工业的摇篮，还是秦皇岛城市发展的见证，同时在世界玻璃工业发展史上也占有一席之地。这是我们这座城市的骄傲。

2001 年，随着城市的发展，在秦皇岛市委、市政府的大力支持下，秦皇岛耀华玻璃厂东厂区一些有价值的历史建筑作为玻璃博物馆园区的一部分被保留下来。

2003 年 2 月，秦皇岛市委研究室、市文化局文物处、市规划局、市旅游局等四家单位联手对老耀华进行了实地勘察，并初步形成了将老厂区包括老水塔、一号窑、老厂门等一批建于 20 世纪 20 年代的具有欧洲风格的建筑作为近现代建筑进行保护的意见。

在耀华东厂拆迁实施"退城进郊"的战略过程中，为了传承本市文脉，展现耀华承载的中国玻璃工业曾有过的辉煌业绩，秦皇岛市政府作出决定，在耀华老厂原址上保留 22 亩地，不予商业开发，专门用作市玻璃博物馆的建设。在此地块上，保留老工业建筑，包括 1923 年建成的水泵房、老水塔与一座相当于如今发电厂的老电灯房。

2006 年 6 月 15 日—22 日，玻璃博物馆项目正式启动。秦皇岛市文化局组成专门班子，参观了多地的各种专题博物馆，先后对北京市、辽宁省、山东省和秦皇岛市的多家玻璃文物收藏单位和玻璃生产企业进行了实地考察，广泛征求玻璃行业专家、老工人、文博专家的意见，同时向社会发出征集相关文物的倡议。

为明确博物馆建设方向、内容含量、展示效果，2008 年 1 月 24 日，文化局策划并召开了秦皇岛市玻璃博物馆展览大纲专家咨询会。地点选为文化局十五楼会议室，应邀前来参加咨询会的领导和专家有：国家建材局秦皇岛玻璃研究院原院长兼总工程师王化平，原耀华玻璃总厂总工程师伍捷申，原耀华玻璃总厂副厂长赵维舟，河北建材学院党委原书记纪连宇，原耀华玻璃总厂党委书记邢海村，原耀华玻璃总厂厂长佟瑞林，秦皇岛日报社基建处处长胡汉江。

专家们一致认为，要建成一座有本市特色的玻璃博物馆，定位要高，要将玻璃博物馆建成秦皇岛的一大景观、旅游景点、文化窗口。不能单纯建成耀华玻璃博物馆，要建成全国性的玻璃博物馆。为增强玻璃博物馆的吸引力，古代历史的记录和玻璃工业的发展现状同等重要。

在近现代玻璃工业部分需要补充两点：一是耀华玻璃厂是中国玻璃工业的摇篮，一个时期内是中国玻璃工业发展的领航船，在博物馆内展示耀华的发展应从中引申体现出中国玻璃工业的发展史，不能局限在耀华玻璃厂的发展史上。要从中国玻璃工业的发展这样的高度定位，以中国玻璃工业的发展史这一主线，将耀华玻璃厂在中国玻璃发展史上的历史地位体现出来，使博物馆更具特色。二是世界三大浮法之一的洛阳浮法工艺是秦皇岛玻璃研究院等六个单位联合发明的，拥有中国自主知识产权，是有中国特色的玻璃工艺。玻璃研究院因此在首届全国科技大会上获得国家发明二等奖、国家金质奖章。玻璃博物馆要将传统的垂直引上工艺与最新的浮法工艺和两种产品做个比较，突出浮法玻璃工艺的先进性。

2008年1月，秦皇岛市政府组织召开市玻璃博物馆展览大纲专家咨询会议，与会人员包括相关领导，玻璃行业、博物馆行业专家，文化界精英等。会议的一系列共识为博物馆的筹建工作提供了两方面理论支持：一是它有效地限定了市玻璃博物馆建设的宏观方向，即充分利用工业旧址建筑，建设一座充分展示中国玻璃工业历史及古玻璃文化、有秦皇岛地方特色的中国第一家国有玻璃博物馆；二是明确了工业旧址的使用范围与修筑原则，即旧址园区与博物馆展厅的使用面积、方式与旧址建筑"修旧如旧"的基本原则。

2008年10月23日，在市文化局的积极推进下，耀华工业旧址保护取得重大进展。耀华玻璃厂旧址被公布为省级文物保护单位，标志着该旧址的保护工作被正式纳入省文物保护统一规划，不论从法律保护还是从机构保护看，耀华旧址都得到了更有力的保障。一旦确定为文物保护单位，其保护范围内不得进行其他建设工程或者爆破、钻探、挖掘等作业。建设工程应当尽可能避开不可移动文物，因特殊情况不能避开的，对文物保护单位遵循原址保护。因特殊需要在文物保护单位的保护范围内进行其他建设工程或者爆破、钻探、挖掘等作业的，必须保证文物保护单位的安全，并经核定公布该文物保护单位的政府批准，在批准前应当征得上一级人民政府文物行政部门同意。也正因如此，在市玻璃博物馆建设与修缮过程中一直坚持"修旧如旧"原则，在不破坏建筑原有结构及空间布局的基础上，对其进行修复还原。

2008年11月4日，秦皇岛市玻璃博物馆开始动工。按照规定，整个建设项目由馆区、临时展区、文娱服务区、辅助设施区四个部分组成，占地总面积22亩。

2009年8月20日，秦皇岛市玻璃博物馆大纲《天地凝光》初稿编写完成，得到各级专家、领导的一致认同。8月27、28日，展陈大纲设计通过省文物局专家论证，并完成论证后的大纲修改工作。《天地凝光》共分四个部分，与此项对应的展览分列"古代玻璃及发展""中国玻璃工业摇篮""中国当代玻璃工业""璀璨神奇的玻璃世界"四个展区。

2012年8月6日，秦皇岛市玻璃博物馆正式开馆。建成的博物馆，总投资3 150万元，占地1.33公顷，建筑面积2 822平方米，主展厅1 500平方米，展线长度333延米，上展展品842件组，一年内接待游客15万余人，广受各界好评。

开馆当日，河北省文化厅厅长张妹芝专程来秦皇岛对玻璃博物馆开馆表示祝贺。她在致辞中说，秦皇岛市玻璃博物馆不仅是国内第一家国有玻璃专题博物馆，也是河北省第一家依托工业遗存建设的博物馆。她希望充分发挥博物馆的收藏、研究、展示、教育功能，努力建成省内一流、全国领先的标准化、现代化专题博物馆。

中共中央宣传部出版局副局长张帆，清华大学美术学院工艺美术系副主任关东海，河北省文物局副局长李恩佳，秦皇岛市人大常委会党组书记、副主任李秦生共同为"清华大学美术学院玻璃艺术专业社会实践基地"揭牌。

秦皇岛市玻璃博物馆展厅主要分为"古代玻璃及发展""中国玻璃工业摇篮""中国当代玻璃工业""璀璨神奇的玻璃世界"四大部分。走进展厅，迎面就是高高的主题雕塑《天地凝光》，粗糙的自然岩石基础向上变成流畅曲线的玻璃体，就像升腾的火焰在熊熊燃烧，直到顶部凝为晶莹剔透的玻璃块，石、火、玻璃浑然一体，寓意着玻璃源于大地、烈火凝炼、终成无瑕。在1 500平方米的展区内，从公元前4000年的古西亚蜻蜓眼珠、中国中山靖王刘胜墓出土的玻璃耳杯，到1922年老耀华修建工厂时用的砖石、最早使用的"阿弥陀佛"商标，再到现代的浮法玻璃生产线模型，汽车、飞机的挡风玻璃，"神舟九号"航天器上的玻璃，用1 700多件展品，向世人系统地展示了中国玻璃工业的发展历史和玻璃产品的广泛应用，展示了多姿多彩的艺术玻璃世界。

四、秦皇岛市玻璃博物馆建设经验总结

一是同城市开发竞速时，提案、立意早下手，早谋划。"工业遗产尽管是昨天发生的，但现在已经大量消失，很重要的遗产天天在消失。"北京大学景观设计学研究院院长俞孔坚教授说。由于新技术的采用和社会生活方式的转变，传统工业遭遇工业衰退和逆工业化过程；城市建设进入高速发展时期，一些尚未被界定为文物、未受到重视的工业建筑物和旧址正急速从城市里消失。将工业遗产列为文保单位，编制保护方案、制定利用措施需提前确定。2004年，耀华旧址成为市级文物保护单位。秦皇岛市玻璃博物馆建馆建设议案也于同年通过。2008年，耀华厂旧址成为省级文物保护单位。博物馆主体建筑同年开始建设，开馆筹备工作也全面启动。紧凑的安排为工业旧址的保留与修缮、文物展品的征集提供了宝贵时间。实践得出经验，一旦选定保护对象进行保护认定，将重要的工业遗产及时公布为文物保护单位，是工业旧址保护工作的当务之急。工业遗产认定后的一系列开发利用措施也要紧密跟进。只有认定工作做在先、定得准，旧址开发、保护措施跟得上，有价值的工业遗存才能得到合理的保护、开发和利用。

二是选择博物馆主题陈列要结合旧址历史背景。工业旧址博物馆的展示主题确定应充分考虑原址的使用功能，尽量保存原有的工业信息、历史信息，这样既丰富了博物馆展陈内容，也延续了工业遗产的生命。秦皇岛耀华玻璃厂是亚洲第一家弗

克法机械制造玻璃企业，在其旧址建立玻璃博物馆是秦皇岛市工业文化与自强不息精神的延续。秦皇岛市玻璃博物馆以人类创造、利用玻璃的历史为主线，将漫长、抽象的玻璃史浓缩为"古代玻璃及发展""中国玻璃工业的摇篮""中国当代玻璃工业"和"璀璨神奇的玻璃世界"四个部分。各部分展陈主题与旧址历史信息紧密结合，吸引观众驻足在过往岁月中，在参观中探寻曾经的故事。精心挑选的耀华老照片、老设备与品种繁多的玻璃展品在斑驳的近代工业建筑旧址间罗列，这是工业与文化的碰撞，是历史与艺术的交融。

三是依照旧址公园的方式运营。工业旧址公园是工业遗产保护和再利用的主要形式。工业旧址公园的意义不仅在于保存工业文明，更重要的是通过对场地生态环境及社会价值的重新塑造，传达一种对城市发展及环境保护进行理性思考的价值观。将工业遗产与现代设计观念、当代生活方式相结合，取得社会效益与经济效益的统一，实现工业旧址保护的本质目的。仅靠博物馆来保护工业遗产很有局限性，尤其是对秦皇岛这座在中国近现代工业史上留下重彩华章的城市而言。因为工业遗产大多以厂区、厂房及大型机械设备的形式而存在，博物馆现有功能很难对其实现保护，且也很难让它与当代生活发生关联。旧址公园既保护遗产本体，也保护了旧址空间环境，是对旧址充分利用的最好方式。博物馆的作用是凭吊历史，公园则可实现人们在休闲游玩中触摸历史。让工业遗产成为"活态"，继续发挥功用，进而产生社会和经济价值。工业旧址公园是秦皇岛市工业遗产保护方式的优先选择。

四是从群众的需求出发，紧跟时代发展步伐。秦皇岛有"夏都"美称，暑期是外地游客来秦旅游的高峰期，也是玻璃博物馆接待外地友人最繁忙的时期。每年暑期来秦游客逾千万。游客虽多，但其每天游览景点数少则几个多则十余。游客受时间所限，不可能对博物馆展陈有深入的了解。最能吸引游客的除了精彩的展示，就是到博物馆商店买个纪念品带回家或是到咖啡厅一边观看旧址园区美景，一边品味博物馆文化。因此，博物馆在加强展示的趣味性、直观性、互动性的同时，还应增强博物馆餐厅、商店、休闲区、娱乐互动区等服务设施建设，增加博物馆与群众的互动性，创新便民利民、服务社会、惠及民生的服务内容，让参观者在博物馆得到更多的体验，留下更多的美好回忆。

第二章
近代民族玻璃工业的艰辛探索

1927 年诺贝尔文学奖获得者伯格森曾说："社会的进步是由于历史某个时期的社会思想条件自然而然发生的，这简直是无稽之谈。它实际只是在这个社会已经下定决心进行实验之后才一蹴而就的。"耀华的成功并非偶然，在耀华玻璃厂建成前，我国民族玻璃工业曾有过近 30 年的失败探索。

近代民族工业始终存在着两种力量：民族资本与国外资本。民族工业的发展史，基本上是这两种力量此消彼长、相互博弈的过程，它们的利益切割以及所形成的产业、资本格局，最终构成了民族工业成长的表象。耀华玻璃厂也不例外，史学家将近代耀华分为中比合办、中日合办、官商合办三个阶段，依据就是资产性质与所占比例。1921 年，中国著名民族实业家周学熙与比利时乌德米财团共同建设了耀华玻璃厂，该厂是中国第一家机械法生产玻璃的企业，被称为"中国玻璃工业的摇篮"。耀华不仅拥有比利时"弗克法"玻璃生产专利，在人事任命与资本构成上都最大程度地保持了中方的相对优势，保留耀华的"民族性"。回顾以往，这场教科书式的民族资本对外国资本完胜并不多见，多数人将此归功于周学熙的韬略。鲜有人知民族玻璃工业在学习西方并保持相对独立的过程中，民族资本与外国资本相互博弈的残酷历史。

清同治八年（1869 年），农历五月二十八日，刚刚平息太平天国运动，圣眷正隆，任直隶总督的曾国藩与门客赵烈文秉烛夜谈。他对赵烈文说，当今之世已是"民穷财尽，恐有异变"，"吾日夜望死，忧见宗祐之陨"。19 世纪末的中国，到处是帝国末日的悲哀。各国在华肆意开埠，建设工厂，修建铁路。机器生产的各类产品充斥国内，并将国内的手工产品挤出市场，不少手工作坊纷纷倒闭。国内仅有的新型工厂是外国资本在通商口岸兴办的印刷、船坞、船舶修理等企业。出口贸易几乎被外商控制，玻璃等日常用品也需从国外进口。而清廷积弊已久，西方传教士建设学习近代科学文化的学堂达 800 所，学生人数约 2 万人，为当时的各项经济和文化活动"洋务"的开展提供了有利条件，反观朝中，却无可以力挽狂澜的人。1864 年 5 月，曾国藩的得力助手、江西巡抚李鸿章在奏折中说："中国欲自强，则莫如学习外国利器，欲学习外国利器，则莫如觅制器之器。……机器制造一事，为今御侮之资，自强之本。"此议即成为不久后开展的"洋务运动"的理论依据。一时间，江南制造总局、福州船政局、大生丝纱厂、阜丰面粉厂等一批学习西方先进技术，打着"师夷长技以制夷、以求富"口号而建立的民族企业如磅礴的春水，顺势而行，遇阻则弯，迅速滋润着久旱待雨的各行各业。长期依赖国外进口的玻璃业也成为学习西方生产技术、管理制度的重要行业。

一、博山玻璃公司倒闭

在中国玻璃工业发展历程中，周学熙并非学习西方并与之合作的第一人。据考证，中国玻璃生产已历 3 000 余年。博山可谓正宗所在，明清时已经是玻璃生产中心。但从传统玻璃属性上，产品多重于装饰、把玩、陈设等用途，实用性不强。清光绪三十年（1904 年），山东巡抚衙门批复了山东农工商局的呈文，准予在山东博山创办博山玻璃公司，生产平板玻璃，并拨 5 万两库银作为官股。此事在当时影响很大，1934 年国民政府实业部国际贸易局编纂的《中国实业志》将其誉为"新法制造玻璃之嚆矢"。博山玻璃公司最初的厂房、设备皆由德国提供设计方案，配方、工艺技术等由德国人传授，并聘来 7 名德籍技师。耐火材料、厂房的钢梁及电动粉碎机等设备亦由德国购进。在清代王渔洋的《香祖笔记》卷七中记载："厂内设有料炉、烘炉、摊片炉等。各炉所用火力均由一隧发出，四面通联各炉，供给火力。其不需之处有活闸以闭之。有发动机以给动力，用以压榨原料使成细粉，俾易入炉。有锻石而成玻璃料炉约料炉，与该县今日之用者绝不相同。盖现用者多以硝罐炼制而成。

彼则以更代法炼取玻液：生料入于一端，所熟之料流至他端，工人即于此取出而制玻璃焉。"从此段记述看，博山玻璃公司的生产手法与后来成立的耀华玻璃厂的纯机械化生产是不同的，但在工艺上已有较大改进，比如该公司以煤气发生炉产生煤气作为原料；熔料则是用池炉；粉碎原料是用电动粉碎机；玻璃配方中采用纯碱，这在中国的玻璃生产中是前所未有的。

据 1937 年的《续修博山县志》说，博山玻璃公司的产品"尚属不劣"，但在 20 世纪 20 年代的有关资料上却说"其制品大反所料，不甚良好，实经营不善所至"。在博山玻璃公司投产后不久，不知为何，所聘的 7 名德籍技师翻然而去。公司无法继续生产，乃改聘日本东京深川玻璃厂和大阪岛田玻璃厂的 2 名日籍技师，采用日本的技术全面改造窑炉。他们将原来的池炉改建为许多坩埚组成的长方形坩埚炉，坩埚直径都在 1 米以上。与吹制法不同的是，厂房的钢架上加了一个小滑轮，玻璃筒用机器经小滑轮向上牵引提升。这种工艺和后来日本旭硝子所采用的工艺极其相似。

在 20 世纪初曾名噪一时的博山玻璃公司，投产后勉力支撑了 4 年多，花费了 100 万两白银，终因种种原因于清宣统二年（1910 年）停产，因所欠大清银行款项无力偿还，遂于 1911 年彻底倒闭，公司一切资产收归官有。单就生产技术而言，博山玻璃公司有许多改良与突破，失败的经历也为中国民族玻璃工业的再探索提供了借鉴。

1904 年，创办博山玻璃公司官商合影

二、耀徐玻璃厂流产

几乎在博山玻璃公司建设的同时，在清光绪二十八年（1902 年），耀徐玻璃公司经理许鼎森发现了宿迁附近有大量的玻璃原料，遂将整个矿山买下。清光绪三十一年（1905 年），许鼎森与英商福斯特签订合同，筹建耀徐玻璃公司。公司投产不久，因在执行合同上与英方发生争执，英商福斯特竟于夜间私将机器拆去，并带洋匠回沪。后经英国领事馆调解，中方让步，福斯特才答应将机器送回。英国领事馆的调解结果是："福斯特君所有照合同未能完善之处，愿将后备大罐机两部及包工剩余物料一并奉送耀徐，不另索价。所有耀徐欠福斯特君余款，一并付清，作为了结。"

三、北京玻璃公司封闭

据 1910 年 5 月《京外近事汇录》记载："北京玻璃公司订德商瑞生洋行机器，共计买价十八万金，原定合同分四次付给。据前月忽由德公使行咨外部，要求玻璃公司于三日内一次性将款交齐，否则责令农工商部偿还。农工商部接到转咨后，即传该公司总理蒋唐祐到部，勒令即刻缴款。蒋执合同申辩，某司长大怒，将蒋送交外城总厅压迫，并有咨请民政部将玻璃公司封闭，以其机器物料折价偿还瑞生洋行之说。该公司已于（五月）初二日召开股东大会，筹商相当对待之法。"

四、镇江玻璃厂停业

据经济学家汪敬虞在《中国近代工业史资料》记载："镇江玻璃厂最初因黄河河床原料取之不竭，而前途颇觉乐观，但接着在筹备经营上落入民族玻璃工业发展的沉疴。最初聘来一个外籍技师，买了些不合用的机器，等到基本已耗蚀大半，才通过奥国领事馆从波希米亚聘来一位真正技师，带着三个监工，适用的机器亦购到，在这种情况下，玻璃厂做出了头等的，应该是很好销售的器皿，但市场并未开拓，经理人也没有对货物登出广告，并且运往上海取费之重，竟致不能和廉价的日本货竞争。玻璃厂终于 1909 年关闭，外籍技工纷纷控索欠款。"

史实证明，在民族资本与国外资本的合作过程中，单纯依赖外国是行不通的。

中方必须掌握核心技术，培育技术人才，开拓市场，建立现代企业制度，拥有对公司资本与生产的绝对领导。

五、耀华玻璃厂的建设

1921 年，曾任北洋政府财政总长的民族实业家周学熙了解到，一种机器制造平板玻璃的新技术即弗克法生产技术已在国外推广。如此法在中国运用，不但可以打破国内市场所需平板玻璃需从日本进口的局面，还可获丰厚的利润。遂决定利用开滦煤矿多年积累的利润，在土地费用低廉、煤炭供应近、水路交通便利的秦皇岛开设工厂。为了不重蹈覆辙，最大程度保障民族资本权益，1921 年 5 月 11 日，中比双方签订《饶明与秦皇岛玻璃公司合同》，明确了中方权益，即比方将弗克法生产技术全部转交中方，比方不得直接或间接将此技术售予第三方。中方公司是唯一有权利在中国（包含租界）利用此技术建立工厂的企业。中方人员可以派遣人员赴比学习，比方有义务派遣熟练工人、工程师，并将所有技术改良方法告知中方。同时在《华洋合股合同》中规定，比方制造玻璃专利权完全为中方所有，并将各种利益、各种义务、各种契约等项完全移交耀华名下。玻璃公司董事会由 7 人组成，其中中方 4 人、比方 1 人，并由董事会选总董、协董各 1 人。总董选华人，协董选洋人。"总董对于中国国家暨一般社会凡关于本公司营业范围以外各事（即不关系本公司卖货及出品之事）均有特别处理之权。"

工厂于 1922 年春动工兴建，1924 年 9 月一号窑建成投产。聘请比利时人奥利弗·古柏为总工程师，技术人员亦大多聘用比利时人。生产工人一部分为赴比实习归来的实习工，一部分为比利时雇佣的 20 名熟练技工。工厂投产后，生产玻璃 16 万标箱，超过设计能力 1 万标箱，产品畅销全国，并远销日本、美国及东南亚地区。1933 年二号窑投产后，年产量到达 26.6 万标箱，成为"远东玻璃骄子"。这种以购买专利的方式引进外资和先进技术，在当时还不多见，算得上是周学熙的另一项创举。首先，与其他各国相比，中方买得弗克法专利权的价钱并不高，而建厂起至 1936 年，盈利远远超过专利款项。其次，耀华购买后，比方不得再售予任何国家或个人在华建厂，而耀华则有权在中国任何地方另建新厂。这种买断专利权的做法对耀华的发展和中国玻璃工业的前途起到了决定性作用。晚年的周学熙在《自述年谱》中自豪地写道："民国十年辛丑五十七岁，居天津。创办耀华公司。盖滦矿公司自联营后，盈余颇厚。余以为此乃华北利权，既具财源，应用之提倡华北实业，以裕地方而富民生，故历年盈余，除发股息每股二元四角，尽力兴办地方公益事业，为直省谋幸福。又投资新兴各实业中，以资补助。今更筹办制造玻璃厂于秦王岛，成立公司，名曰耀华，由滦矿、开平各拨款附入，作为股本，其营业亦由开滦局代为经理。"

六、近代曾在耀华玻璃厂任职的民族实业家

满是烟硝、战争、博弈与更替的近代中国，时局动荡，民族工业发展曲折缓慢。企业家不可避免地遭遇商业之外的众多挑战。与如今惊人相似的是市场参与者的"资本身份"。跟几乎所有发达的资本主义国家不同的是，近代中国拥有强大的国有资本集团，它们构成了这个国家最重要的资本支柱力量，对这部分资本的变革、壮大和保护是政府最主要的方针和使命之一。与其相伴随的是，国际资本在中国一直受到税收等多个方面的优待，而萌芽于民间的非命脉行业则在成长的过程中处于不利的地位。中外资本的博弈，是所有经济现象的基本原因。很显然，对于处在竞争弱势地位的民族企业家来说，他们必须学着去警惕及防范纯商业思维之外的种种风险。这种环境分析能力及所需要的应对智慧，并不是西方管理学抑或欧美大牌商学院教授所能够传授的。为了博得生存空间，民族实业家多数被冠以资本家之名，身兼政府高位，有较通达的社会网络与较大的社会影响力。世事变迁，其产业衰败后，实业家往往成为被遗忘的群体。除少数闻名海内外的民族实业巨贾外，绝大部分甚至称不上"失败的英雄"。他们有的飘零于纷扰世局，有的因立场被蔑称为"血吸虫"，更多的是随着近代民族工业短暂辉煌后归于平淡。在寻找与秦皇岛市民族工业曾有交集的实业家的过程中，那些淡出人们视野，却为中国民族实业作出较大贡献的实业家一一清晰浮现，成为中国近代民族实业兴衰的佐证。

袁克桓（1898—1956），又名袁心武，河南项城人。袁世凯第六子，近代实业家。曾于1944年1月至1946年4月出任耀华玻璃厂总董，1946年5月至1949年1月、

1949 年 7 月至 1955 年 7 月任常务董事。1913 年袁克桓到英国留学，袁世凯去世后，辍学回国做实业。袁克桓手中分得了开滦煤矿、启新洋灰公司、江南水泥等知名民族工业的股票，从这些股票开始迈向实业，20 世纪三四十年代已是启新公司总经理，开滦煤矿、耀华玻璃厂中方董事长。其时，袁克桓地位重要，以致他每次从唐山回天津都会引起股票波动。抗战期间，袁克桓支持丹麦人辛德贝格（当时受雇于江南水泥厂），把江南水泥厂变成了南京最大的流动性难民营，在三年半时间里接纳过 3 万多名南京市民。袁克桓用拖延方式拒绝为日军提供工业资料，他的大儿子袁家宸一度被关进日本宪兵队监狱。

抗战胜利后，袁克桓的经营重点放在南京江南水泥厂和上海耀华玻璃厂上，中华人民共和国成立之前，袁克桓已是北方著名的实业家。但是国共很快开战，他的实业发展举步维艰。内战结束前，袁克桓的朋友们几乎都选择了离开，但是袁克桓的话是："日本人在这儿的时候，我费了这么大的力量来保护住我的厂，这么天大危险的条件下我都没有走。"所以他作出了全家留在国内的决定。新中国成立后，袁克桓对"三反""五反"与公私合营政策均积极主动配合。抗美援朝战争中，他毁家纾难支援国家。

李士伟（1878—1926），字伯芝，民国政要，河北永年人，1902 年留学日本，毕业于早稻田大学政治经济科。1906 年回国后曾任北洋师范学堂监督、石家庄井陉矿务局总办。1922 年 3 月至 1926 年 12 月任耀华玻璃厂总董。日本留学归国后，由于袁世凯非常重视赴日留学生，李士伟很快成为袁世凯的嫡系，并逐渐成为北洋系中金融实业方面的骨干，且将后半生完全融进以周学熙为核心的实业开发，并与周家结为姻亲。

晚清政府实施新政，其主要措施就是"振兴实业"。所以以袁世凯为首的北洋派，除了北洋军阀，还存在一个庞大的北洋官僚集团，在 20 世纪二三十年代民族工业发展的大潮中，逐渐形成"启新、华新财团"，控制着北洋政府的经济命脉。其中的骨干就包括皖系的周学熙、周学辉（周学熙之弟）、龚仙舟（字心湛，曾任国务总理）、陈惟壬（字一甫）、孙多森、孙多钰（孙家鼐后人）、杨寿枬（字味云）、李士伟（因姻亲关系亦属于该体系）、李士熙（李士伟之五弟，字季芝）、天津官绅李颂臣（天津盐商李春城之子）、李希明、卢木斋、袁世凯之子袁克定等人。
民国成立后，李士伟历任北洋政府参政院参政、农工商部矿政顾问、中国银行总裁、
中华民国矿业联合会理事、财政总长等职。

　　1915 年 4 月 11 日，李士伟出任中国银行总裁，时年 37 岁。其后又成为中国实
业银行的主要创办人之一。1921 年，靳云鹏被任命为政府总理并组阁，是年 5 月，
李士伟任靳云鹏内阁财政总长。1921 年，由中国和比利时合资在秦皇岛成立了中国
第一家大型玻璃制造企业——耀华机器制造玻璃股份有限公司，开启了中国玻璃产
业发展之门，耀华公司被誉为远东玻璃工业的摇篮。李士伟在 1922 年公司成立后
的第一次股东会上被推举为总董（即董事长），1927 年 1 月在上海病逝。李士伟
1923 年编修《李氏支谱》，上下两册十余万字。2005 年其子李堃藩、其孙李庚誌，
从台湾回乡探亲，并到祖坟祭扫。

　　龚心湛（1871—1943），清末监生，安徽合肥人。曾任驻英、法公使馆随员八
年。民国后任安徽财政厅厅长。1919 年任北洋政府财政总长兼代理国务总理。1924
又任内务总长。1925 年任交通总长。1926 年去职后，来津经营实业，先后任中国
实业银行总经理、大陆中孚银行董事、启新洋灰公司总经理、耀华玻璃公司总董、
开滦矿务局议董长等职。

　　姚文林（1897—1980），河北青县人，字南枝，化学家。1946 年 5 月至 1949
年 1 月任耀华玻璃厂常务董事。1921 年毕业于北京大学。留学美国芝加哥大学、卡
耐基工学院。1928 年回国，任东北大学化学系教授。九一八事变后转任河北省立工
业学院化学制造学系教授兼系主任。抗战时期，任国民政府军事委员会专员。抗战
后任耀华常任董事。1948 年到台湾，接任台湾碱业公司总经理，后专任董事长。病
逝于台北。著有《电石分析法》。

　　赵煦雍（1906—1989），字颖铮，湖南衡山人，陆军上将。于 1948 年 11 月至
1949 年 1 月任耀华玻璃厂常务董事。1929 年清华大学化学系毕业后，赴美国俄亥
俄州立大学攻读化学工程，获博士学位，加入美国西格玛克赛学会。1934 年回国，
任南京国民政府军政部兵工署技正，并执教于中央大学、兵工专门学校、中央军校。
抗日战争爆发后，在海外监制军用器材。1941 年在国民政府资源委员会任职。1945

年后，在上海筹设中央化工厂。次年任辽宁纸业公司总经理兼天津纸业公司总经理、耀华玻璃厂董事长。1949年去台湾。1950年任台湾纸业公司总经理。1954年任中华纸浆公司、欣欣水泥公司常务董事。1974年起任新竹玻璃公司总经理，并发起创立东南碱业公司。

马师亮（1904—1980），陕西杨家沟人，于1948年4月至1948年11月任耀华玻璃厂常务董事。1930年毕业于上海交通大学电机系，获工学学士学位。1932年夏赴美国留学，次年获康奈尔大学硕士学位。1936年获密歇根大学博士学位。归国后，任武汉大学物理系教授。1941—1949年历任浙江大学电机系中英庚款讲座教授、中央无线电厂重庆分厂和天津无线电厂厂长、中央无线电器材有限公司总经理等职。他从20世纪40年代初开始致力于无线电技术研究，为中国无线电工业奠基人之一。上海解放前夕，他冒着生命危险，抵制国民党令其前往台湾的指示，留在上海全力保护了公司所属上海、南京、天津、重庆、昆明等处工厂、研究所财产设备及一批专业技术人员；新中国成立后企业由人民政府接收，为新中国发展无线电工业立了功。1949—1952年任同济大学电机系教授、南开大学教授。1952年后任天津大学电力及自动化系教授、电机工程学会会员、电子学会会员及理事。一直从事教育和科研，为社会主义建设事业培育了大批有用人才。主要论著有《超高频功率测量》《电抗调频的数字分析和设计》等。1951年在南开大学与他人共同研制成功高频改水器，可避免锅炉内积结水垢，节约用煤，长期用于工业生产。他以在工业、教育、科技方面的突出贡献，名列《中国科学家传略辞典（现代）》。

孙越琦（1893—1995），于1948年10月至1949年1月任耀华玻璃厂董事长。1916年考入天津北洋大学文科，旋遵父命改读矿冶科。五四运动爆发后，以北洋大学学生会会长的身份，积极领导天津学生的爱国运动，与直隶省省长曹锐当面交锋，被学校开除学籍。后经蔡元培帮助进入北京大学采矿冶金系学习，1921年毕业。1924年初到吉林省创办穆棱煤矿，任矿务工程师6年，掌握了从勘探、建井到产煤的全部生产和管理过程。1929年秋赴美国留学，先后入斯坦福大学采矿系、哥伦比亚大学研究生院学习，并广泛考察美、英、法、德4国的采矿业。1922年回国后，应翁文灏之邀，先后任国民政府南京国防设计委员会专员兼矿室主任、陕西油矿勘探处处长，为中国历史上第一个开采石油的中国人。1924年，去河南焦作担任濒临绝境的中福煤矿公司总工程师、总经理，建立起一系列规章制度，使企业迅速扭亏为盈。抗日战争全面爆发后，动员中福职工经过几千里行程，把中福公司的全部设备运到重庆，成立由天府、嘉阳、威远、石燕煤矿组成的四矿联合总公司，并任总经理，供应四川省一半以上的用煤。

1931年，孙越琦兼任甘肃玉门油矿局总经理。油矿总局设于重庆，矿场距重庆2 500公里，孙越崎每年夏秋期间在矿场督促油矿生产建设，其产量几乎占后方石油生产的全部，有力地支援了抗日战争。他被誉为"煤油大王"，是中国现代能源工业的创办人和奠基人之一。

抗战胜利后，他被国民政府经济部任命为特派员，接收东北重工业和敌伪资产。1946年后，历任国民政府资源委员会副主任委员、资源委员会委员长、经济部部长兼资源委员会主任委员等职。1938年10月，以资源委员会委员长身份，召集所属各重要厂矿企业负责人秘密开会，动员部属坚守岗位，保护好财产档案，弃暗投明，迎接解放。与会者除一人去台湾外，所辖121个总公司，近千个大中型企业，32 000余名科技、管理人员，六七十万工人和全部财产，均完整地移交给人民政权，为新中国成立后的经济建设作出重要贡献。1949年5月，辞职去香港。同年11月14日，策动资源委员会驻港国外贸易事务所起义。

新中国成立后，孙越崎从香港回到北京，历任中央财经委员会计划局副局长、开滦煤矿总管理处副主任、国务院进出口管理委员会顾问、煤炭部顾问、民革河北省主委、河北省人大常委会副主任、河北省政协副主席、民革中央副主席、监察委员会主席、民革中央名誉主席、中国和平统一促进会会长等职，为第二至第四届全国政协委员，第五至第八届全国政协常委。1983年后，他花数年时间考察长江三峡工程，写出长达5万字的《关于长江流域综合治理和三峡工程问题》，在全国政协七届三次会议上作书面发言。在此期间，还两赴香港，为和平统一祖国做宣传与联络工作。1995年12月9日病逝于北京，终年103岁。

翁文灏（1889—1971），字咏霓，浙江鄞县（今属宁波）人。曾任北洋政府经济部部长，1946年5月至1948年9月任耀华玻璃厂董事长。翁文灏出生于绅商家庭，清末留学比利时，专攻地质学，获理学博士学位，于 1912 年回国。他是民国时期著名学者，中国早期的著名地质学家，在中国地质学教育、矿产开探、地震研究等多方面有杰出贡献，是中国第一位地质学博士、中国第一本《地质学讲义》的编写者、第一位撰写中国矿产志的中国学者、中国第一张着色全国地质图的编制者、中国第一位考察地震灾害并出版地震专著的学者、第一份《中国矿业纪要》的创办者之一、第一位代表中国出席国际地质会议的地质学者、第一位系统而科学地研究中国山脉的中国学者、第一位对中国煤炭按其化学成分进行分类的学者、燕山运动及与之有关的岩浆活动和金属矿床形成理论的首创者、开发中国第一个油田的组织领导者。翁文灏担任过私立焦作工学院（今中国矿业大学和河南理工大学）的校董。翁文灏曾以名学者之身份在国民政府内任事，在抗战期间主管矿务资源与其生产。全国政协编纂的《文史资料选集》第二十七册收录党刚的《回忆翁文瀚先生》对翁文灏有如下描述："……丁文江和翁文瀚是当代杰出的地质学家，在国际上也享有荣誉。其 1903 年创办的地质调查所，隶属北洋政府农商部，一直在艰难混乱的局面下坚持工作，为中国地质事业和地质科学奠定了基础。……著名地质学家杨钟健、谢家荣、黄汲清、谭锡畴、李春昱、高振西都是翁的高足。"

刘建萍教授在《试析秦皇岛耀华玻璃厂的创办及经营》一书中这样写道："中国民族工业的产生与发展，有其独特性。它从未经过类似于西方的由手工工场到产业革命的成长过程，而是在西方资本主义的压迫下、刺激下，直接引进机器生产发展起来的……中国当时虽然国势积弱，仍有一批民族企业家，具有长期与外方资本代理人打交道的经验，本着民族感情和敬业精神，在中外合资企业中为中方股东争取较多权益，成功引进世界一流技术。耀华玻璃厂作为中比合办企业，其管理层中的中方代表不仅引进先进的弗克法机器制造玻璃技术，弥补当时国内玻璃制造业空白，也借此扭转国内玻璃市场主要依赖国外进口的局面。在改革开放的今天，国内企业也面临如何技术引进，实现与国际先进水平接轨问题。耀华实业家的探索将为引进世界一流技术，与外国协商合作维护自身权益提供借鉴。"

第三章
周学熙开创耀华玻璃厂

周学熙

周学熙（1866—1947），安徽至德（今东至）人，生于南京，乳名元端，字缉之，号定吾，60岁后又号止庵，为清末两广总督周馥之子。自幼读书，28岁中举，后任天津兵备道、长芦盐运使、按察使等职，并受北洋大臣裕禄、袁世凯札委，先后任北洋官矿开平矿务局会办、总办，山东大学堂总办、直隶银元局总办，淮军银钱所会办，直隶工艺局总办，北洋支应局总办，天津官银号督办，滦州煤矿总办，启新洋灰公司经理，天津农工商总参议等职；民国年间，出任袁世凯政府财政总长、大总统财政顾问，徐世昌政府盐务署督办等职，并任新华纺织公司董事兼正主任、无锡业勤纱厂董事长、中国实业银行总经理、全国棉业督办等职。

周学熙一生以兴办实业、振兴民族经济为己任，所创办的滦州煤矿，唐山启新洋灰公司，新华纺织公司所属的天津、唐山、青岛、卫辉四纱厂，秦皇岛耀华玻璃

博物馆展览研究与实践
——秦皇岛市玻璃博物馆展览案例

公司，北京自来水公司及天津织染、机械、烛皂、火柴各厂，至今仍为各市工业之支柱。创办的山东大学堂（今山东大学）、直隶高等工业学堂（今河北工业大学）等，至今仍为培养高等人才的学府。

周学熙任财政总长时期，殚精竭虑，整顿财政，多有成效。至其辞职，国家财政收支平衡，中央政府威信提高，海关、盐税集权中央，各省纳税亦能如数上缴，以致国库始有盈余，年达 2 000 万两。曾计划以此税"专办民间兴利之事，为国家生财源"。在他的计划中共拟建十大实业：云南铜矿、延长石油、利国铁矿、漠河金矿、秦皇岛商埠、海塘船坞、口北铁路、各省铁路、纺织工厂、沿江荒山绿化等。曾言："凡此应办之事苟能次第进行，则中国富强并非无望。"然而计划提出不久，洪宪议起，大局突变，计划遂成泡影。

周学熙一生与秦皇岛有不解之缘，在此地做了很多具有开创性意义、惠及后人的事。如勘定秦皇岛商埠及北戴河海滨避暑区域、经办临抚通商口岸清地局、督办长卢棉垦、经营北戴河房地产出租业务等。其中以兴办耀华玻璃厂影响最为深远。

晚年的周学熙在《自叙年谱》中写道："民国五年，夏赴北戴河避暑。该地属临榆县，滨海多山，气候清凉，但潮湿过甚。其时西人渐往避暑，余购地莲蓬山东麓，小筑园林，题曰趣园，每夏往居之，至路梗为止。"在北戴河，周学熙每日寄情山水，吟诗作画，但并不完全消沉隐退，主要精力仍然放在实业上。

1912 年，开平滦州二矿合并，盈余颇丰。

周学熙以为"此乃华北利权，颇具财源，应用之提倡华北实业，以裕地方，而富民生"，"故历年盈余除发股息每股两元四角外，宜尽办兴地方公益实业，为直省谋幸福"，"乃于民国十年筹办制造玻璃厂于秦皇岛，成立公司，名曰耀华。由滦矿、开平各拨款附入，作为股本。其营业亦由开滦局代为管理"。

1921 年，秦皇岛工业史上增添彪炳千秋的一笔，周学熙开创的中外合资企业——耀华机器制造玻璃股份有限公司正式注册。此时，玻璃已在中国广泛使用，但国内玻璃工业几乎一片空白。玻璃基本全靠进口，每年约花费 600 万两银圆。而早在1914 年，世界第一座弗克法生产的玻璃工厂在比利时建成，此后，该项专利权售给希腊、德国、日本、美国等 12 个国家，玻璃制造业在西方国家风行一时。

耀華機器製造玻璃股份有限公司華洋合股合同

第一款　本公司製造玻璃暨在中國之專有權完全由乙方轉賣得佛克機器製造玻璃祕密法暨在中國之專有權完全由乙方承買計法金叁百叁拾萬叁仟法郎合華洋伍拾貳萬陸仟陸佰叁拾元乙方所有各項權利暨尊有權並各種利益各種義務各……

本合同係中國資本團甲方由發起人所推李伯芝王少泉李希明三君代表與秦皇島玻璃有限公司乙方由羅遮瓦爾德邪森奮治邪森三君代表雙方訂立兹由雙方集股劃辦耀華機器製造玻璃股份有限公司其本議定條款如下

第十四款　每年所得淨利分配如下按照中國公司條例以二十分之一以上提作公積金其餘由股東紅利及董事監察人並職員等之花紅暨臨時議提之公積金或由股東常會臨時高議提作其他通宜之用項

第十五款　本合同由雙方簽字各就華英文各一分以資信守

西曆一千九百二十一年十二月二十二日

中國資本團代表　李伯芝（印）

須有股額三分之二之股東或其代表人到會方能開議否則不能開議會議時非有三分之二之權數不能表決事件

《耀华机器制造玻璃股份有限公司华洋合股合同》记载了耀华购买比方弗克法技术，比方以专利入股的合作方式（中方签字原版）

　　周学熙与比利时素有交集，了解到弗克法生产玻璃市场广阔、质量优良、生产效率高，即有心引进此项技术，筹建玻璃厂，以扩大华北实业。1921年与比利时乌德米财团达成中比合办玻璃工厂协议，并于1922年3月正式成立"耀华机器制造玻璃股份有限公司"，设总事务所于天津，设总工厂于秦皇岛，委当时的中国实业银行总经理李伯芝担任董事长，重大事项由周学熙参与处理。公司副董事长和总经理由比方担任，公司资本初为120万银圆，后增至250万银圆，中比股份各占50%。耀华引进弗克法生产专利为6万英镑，折合银圆52万元。

　　工厂于1922年春动工兴建，1924年9月一号窑建成投产，1933年二号窑建成投产。产品畅销全国，并远销日本、美国及东南亚各国。

　　毋庸置疑，周学熙是秦皇岛乃至华北地区工业化的主要奠基人之一。多年苦心经营，使得以天津为轴的华北地区与上海、武汉三足鼎立，成为中国近现代史上最主要的三大工业中心。因为出身相似，亦官亦商，周学熙与下海经商的末代状元张謇并列，人称"南张北周"，但对时局与整体经济影响而言，周远胜于张。如今，斯人已逝，"趣园"犹存，秦皇岛玻璃产业兴旺发达，成为名副其实的"玻璃城"。

第四章

中资与外资围绕技术产权的交锋

中国曾有长时间学习西方，引进先进技术、制度、文化的历史。早在 1864 年 6 月，李鸿章在上书慈禧太后的奏折中就提出："鸿章窃以为天下事穷则变，变则通。中国欲自强，则莫如学习外国利器；欲学习外国利器，则莫如觅制器之器。"甲午战后，虽然以"中体西用"为口号，单纯引进西方先进技术的洋务运动破产，但志士仁人寻路救国的探索却加紧了脚步。

耀华厂筹建过程中，除购买西方先进生产设备，中方还引进了一整套科学的管理、财务、经营制度。中比双方签订的华洋合股合同中有这样的记述："此项专有权由本公司承买以后，即完全为本公司永远享受，与乙方（比方）无涉。乙方不得在中国用任何名义、何地方另有组织。"为了消除未来不必要的争议，1920 年 5 月 11 日饶明与米乞尔签订的《关于在中国利用弗克法专有权的合同》的详细章程特别注明"中国之内或沿海之租借殖民地以及保护地如香港、澳门等皆认为中国一部分"。《耀华机械制造玻璃股份有限公司章程》也记载着类似的内容："本公司取得比国弗克制造玻璃秘法，在中华全国境内他厂不得仿用。"事实证明，这种买断专利权的做法对耀华的发展和中国玻璃工业的前途也起到了决定性的作用。弗克法技术在中国使用了近 80 年，而且后来用这项技术建起的玻璃厂遍布中国，直到 20 世纪八九十年代新兴的浮法玻璃生产技术大量普及后才逐步退出历史舞台。

公司采取股份制经营模式。成立董事会，"一切裁决权属于董事会"。董事、监察人由股东自由选举。董事并非终身制，任期为三年，期满后轮流退职。合同显示，最初的一万两千股，中比双方各认购一半，在出资额度方面是相同的，并明确要求"均一次交足，将来增添股本时仍由甲乙两方平均投资"。由此看来，耀华厂在资本构成上中比双方是一致的、平等的，但在董事人数与实际权利上中方占有优势，因此董事会是由中方实际控制的。在经营领域，"董事会应选派总理、协理各一人，以经营公司事务。总理为洋人，协理为华人。总协理均有管理公司全部业务之权"。此条看似平等，甚至略偏向外方，实则不然。总理虽为洋人，但在权利上与中方协董相互制衡，共同拥有"特别处理之权"；并且，总协理由实际被中方控制的董事会选派。

此外，在中比双方签订的《饶明与秦皇岛玻璃公司合同》中，还明确规定了中方的另一个特权："凡公司（耀华）所派之代表，不论其为工程师、会计或工人等只须持有公司签押之书信，即可至丹瑞米玻璃工厂以及其他利用弗克新法之玻璃工厂内随意参观。饶明[1]君（比方）并允对于此项人等予以必须之协助，俾得将弗克新法内一切改良之点完全谙习，因此之故，饶明君已与各方面接洽妥协，以省每次公司派人参观均须请求特许之烦劳。"此项权利意义非凡，对西方工厂的参观、学习，积累了大量耀华急需的技术人才，提升了弗克法生产技术的生命力，拓展了其技术改良的空间，更重要的是它直接将中方经营者的目光伸向世界，使耀华玻璃厂在很长一段时间内无论从生产技术、内部管理或经营销售都处于亚洲先进。

　　1　饶明：德习尔·饶明，比利时沙洛罗洛波银行董事。1920年，曾代表乌德米财团（沙洛罗洛波银行为其一部分）与米乞尔（以自己的名义并代表伦敦商业银行董事哈得雷）订立合同，购买弗克法技术在中国应用的专利权，因此成为该技术在中国的拥有者。《合股应商文件》即是其以专利权与中国资方签订的，合同显示此专利价值50%股份。

附录：《耀华机器制造玻璃股份有限公司华洋合股合同》

本合同系中国资本团（下称甲方）由发起人所推李伯芝、王少泉、李希明三君代表与秦皇岛玻璃有限公司（下称乙方）由罗遮、瓦尔德·那森、乔治·那森三君代表双方订立。兹由双方集股创办耀华机器制造玻璃股份有限公司（下称本公司），议定条款如下：

第一款　本公司制造玻璃之法系向乙方转购得。弗克机器制造玻璃秘法暨在中国之专有权完全由本公司承买，计法金三百三十九万三千法郎，合华洋五十二万六千八百六十三元。乙方所有各项权利，暨专有权并各种利益、各种义务、各种契约等项完全移让予本公司名下，本公司应即完全接受，并由乙方向弗克厂注册声明其乙方与饶明君所订合同之签字原本，并各种机器图样及说明书等件，又开滦矿务总局与饶明君所订合同之签字原本统应如数点交查验，作为本合同附件由董事会代本公司保管。

乙方于本合同签字日起九十日内将饶明君与秦皇岛玻璃有限公司所订合同之签字原本，以及所有足以证明乙方已经得弗克机器制造玻璃秘法在中国专有权必要之文件移交本公司。倘于九十日内乙方不能将该项文件交出，则本合同即以作废论，凡本公司所有各费用悉归乙方担负。此项专有权由本公司承买后，即完全为本公司永远享受，与乙方无涉。乙方不得在中国用任何名义、何地方另有组织。

第二款　本公司组织系遵照中国股份有限公司条例订立章程，由甲方资本团推举七人具名呈请中国农商部批准立案注册，总事务所设于天津，地方总工厂设于秦皇岛，地方所见有此项注册章程及根据此项注册章程所订之详细章程经双方签字后均有永远遵守之义务。

第三款　本公司股份总额暂定为中国通用银圆一百二十万元，每股计银圆一百元，共计一万两千股，由甲乙两方各认六千股，计甲种股份六十万元归甲方投资，乙种股份六十万元归乙方投资，均一次交足，将来增添股本时仍由甲乙两方平均投资，并共守开滦矿务总局与饶明君所订合同内开滦应享选择股本之权利。

第四款　乙方所组织之秦皇岛玻璃有限公司之组织费允由本公司发还，计合华洋两万三千六百零四元，此外杂费一概不认。本公司组织费用应与前数相同，由本公司发交。甲方所有本公司开办以前总协理及办事人薪水并各项费用，亦由本公司担任。

第五款　本公司应归董事会管辖，董事会由股东选举七人组织之有统辖公司全部办事及财政之权，并有考察公司业务上一切大小事件之权。董事会之董事内有四人由甲种股东撰出三人，由乙种股东撰出董事会议案，至少必须三分之二之多数方能议决。

第六款　董事任期三年期满得续举连任，唯在公司第一次开会后，届三年期满时，董事应滞留五人，第四年满时于此五人中滞留三人，此后轮流退职。

第七款　董事会互选总董、协董各一人。总董选举华人，协董选洋人。

第八款　股东推选监察人，三人内一人由甲种股东推选，二人由乙种股东推选。

第九款　监察人对于公司各项事务有请求说明之权，有审查账册之权，凡由关系股东利益之事概得审查之。

第十款　董事会应选派总理、协理各一人，以经营公司事务。总理为洋人，协理为华人。总协理均有管理公司全部业务之权。

第十一款　本公司一切裁决权属于董事会，至董事会之开会须由总协董召集之。

第十二款　总协董代表董事会监督本公司业务及职员。凡重要问题须交董事会开会议决，总协董应派秘书一人或数人，总协董所需之一切报告等项即由该秘书调取，以便实行监督，总协理亦应按总协董所需报告等项遵照交出。总董对于中国国家暨一般社会凡关于本公司营业范围以外各事（即不关系本公司卖货及出品之事）均有特别处理之权。

第十三款　股东会之召集应于一个月前在报纸上登载广告，须有股额三分之二之股东或其代表人到会方能开议，否则不能开议。会议时，非有三分之二权数不能表决事件。

第十四款　每年所得净利分配如下，按照中国公司条例以二千分之一以上提作公积金，其余为股东红利及董事监察人并职员等之花红暨临时议题之公积金或由股东厂会临时商议提作其他适宜之用项。

第十五款　本合同由双方签字，各执华英国文各一份，以资信守。

中华民国十年　　西历一千九百二十一年十二月二十二日

中国资本团代表

秦皇岛玻璃有限公司代表

--6--

supply all such information and reports when called on to do so.

The Chairman shall especially have power to deal with matters concerning the Chinese Government and also with such affairs as concern the public generally outside the ordinary business affairs of the Company (that is not connected with the actual sale and production of the Company's products.)

13. One month's notice of any Meeting of Shareholders must be given by public advertisement in the Press, and Shareholders of two thirds of the issued capital must be present or represented by proxy, otherwise no Meeting can be held. No resolution can be passed without a majority of two thirds of the votes of the Shareholders present or represented.

14. At the end of each financial year the net profit shall be divided as follows:- At least one twentieth shall be placed to a reserve fund in accordance with the provisions of the Chinese commercial law. The remainder shall be distributed as Shareholders' dividends, bonuses to the Directors Supervisors, and Employees, and to an optional reserve fund or used for such other purposes as the Shareholders in General Meeting shall consider desirable.

--7--

15. This Agreement shall be signed by both Parties each Party to hold one copy in Chinese and one copy in English for observance.

IN WITNESS WHEREOF THE PARTIES CONCERNED HERE UNTO SET THEIR HANDS IN TIENTSIN THIS 22nd DAY OF 12th MONTH OF THE TENTH YEAR OF THE REPUBLIC OF CHINA, BEING THE 22nd DAY OF December 1921.

Signed by the said Li Po Chih Wang Shao Chuan and Li Hsi Ming on behalf of the Group of Chinese Capitalists in the presence of, 赵天麟

李伯芝
王少泉
李希明

Signed by the said Maurice Roges, W.S. Nathan & G.E.Nathan on behalf of the Chinwangtao Glass Company Limited in the presence of,

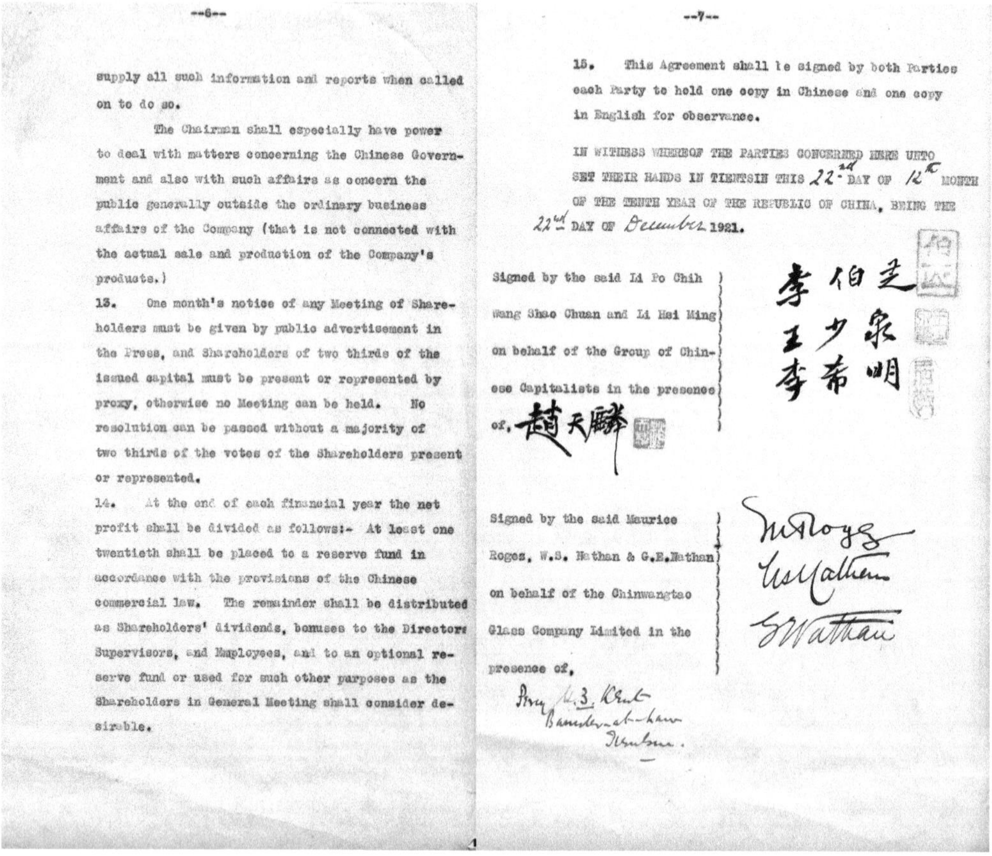

耀华机械制造玻璃股份有限公司华洋合股合同（英文版 2 份）

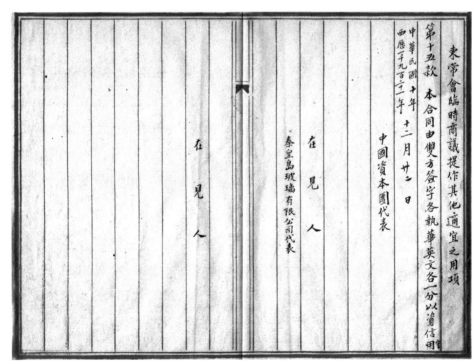

耀華機器製造玻璃股分有限公司華洋合股合同

本合同係中國資本團（下稱甲方）由發起人所推舉李伯芝王少泉

李希明三君代表與秦皇島玻璃有限公司（下稱乙方）由雙方訂立

德那森喬治那森三君代表雙方訂立茲由雙方集股創辦

耀華機器製造玻璃股分有限公司（下稱本公司）議定條款如下

第一款　本公司製造玻璃之法係向乙方轉購得佛克機器製

造玻璃祕法暨在中國之專有權完全由本公司承買計注

金叄百叄拾玖萬叄千法郎合華洋伍拾貳萬陸千捌百陸拾

叄元乙方所有各項權利暨專有權並各種義務

各種契約等項完全移讓與本公司名下本公司應即完全接

收並由乙方向佛克廠註冊聲明其乙方與饒明君所訂合

同之簽字原本並各種機器圖樣及說明書等件又開灤礦

務總局與饒明君所訂合同之簽字原本統應如數點交察驗

作為本合同附件由董事會代本公司保管

乙方擔任於本合同簽字日起九十日內將饒明君與秦皇島玻

璃有限公司所訂合同之簽字原本以及所有足以證明乙方已經

得佛克機器製造玻璃祕法在中國專有權必要之文件移交

本公司倘於九十日內乙方不能將該項文件交出則本合同即

東常會臨時商議提作其他適宜之用項

第十五款　本合同由雙方簽字各執華英文各一分以資信用

中華民國十年十二月廿二日

西曆一千九百二十一年

中國資本團代表

在見人

秦皇島玻璃有限公司代表

在見人

《华洋合股合同》为纸质，字体为小楷，工整隽秀，长27.5厘米，宽18厘米，共5页，保存完整。签订时间为1921年12月22日，为佐证耀华玻璃厂建厂重要文档，存放于耀华玻璃厂档案室。2012年8月，于秦皇岛市玻璃博物馆展出（中文版2份）

第五章

"引上法"的引进历程

　　1903 年，比利时人埃米尔·弗克发明了机器连续制造平板玻璃技术"弗克法"（有槽垂直引上法）。1914 年，生产此法玻璃的工厂在比利时兴建。此法产品优质，产量丰厚，迅速代替了传统玻璃生产手段，并迅速占领产品生产市场。1920 年，比利时乌德米财团取得"弗克法"在中国制造玻璃的专利权，成立秦皇岛玻璃公司，地址在布鲁塞尔。

　　1921 年，开滦矿务局总理英国人那森提出开滦应利用此技术生产经营玻璃，但身为滦州矿务司董事长的周学熙及滦矿诸多董事不同意，建议另行组织新公司独立生产经营玻璃，并对未来公司取名"耀华"，由滦矿、开平各拨款附入，作为股本，其经营亦由开滦局代为经理。事实上，1912 年至 1921 年的 10 年间，由于经营有方，滦州矿务公司获利达 6 809 万元，除发放红利，公司提出新事业开发基金。这一点周学熙在《自叙年谱》中有叙述："尽力兴办地方公益事业，为直省谋福利，又投资新兴各事业中，以资辅助。"在此过程中，滦矿除有一部分新事业资金转入周氏集团的中国实业银行作为金融资本和投资华新纺织公司纱厂外，仍有大量的资金。比利时秦皇岛玻璃公司具体实施在中国建厂生产玻璃计划过程中碰到了许多困难，欲把他们取得的在中国使用"弗克法"制造玻璃的专利权转让给他人。此时滦州矿务公司董事长周学熙早已准备好公司创建的资本，唯独缺少的是技术和设备，而比利时缺少的是中国经济、政治实力支持。

　　中国驻比利时领事许熊章悉知此事，遂致信时任财政总长周学熙，详述新工艺利弊，希望中国能将此厂与此技术收购。1921 年 8 月，周学熙与秦皇岛玻璃公司代表瓦尔德·那森[1]进行磋商，达成中比合办玻璃公司协议。12 月 22 日，中方以李伯芝[2]等为代表，比方以秦皇岛玻璃公司毛立司·罗遮[3]为代表，签订《华洋合股合同》，创办公司，定名为"耀华机器制造玻璃股份有限公司"，资本各 50%，共 12 000 股。筹备期间，议定在秦皇岛建厂，在天津设公司。

该信件介绍了传统玻璃生产工艺的种种不足。一是玻璃制作过程缓慢，价格昂贵，制品优劣不一。二是传统工艺对工人健康有不利影响。"是法，慢而且难工，价昂贵，随手工吹工手艺之巧拙而分出产之优劣。厂中空气炎热，呼吸不便兼之吹气丧肺，颇伤身体，玻璃匠因此促短寿命。其工价之贵良有以也。"

又叙述了欧洲新的弗克法玻璃工艺的优势。一是价格便宜，产量大，质量优。"但以成价而论，较之旧法则便宜百分之四十矣。按端蒲额米厂每驾机器可月出二万三千二十方密特，其厚薄约 0.002 均匀。"信件通过弗克法原料的溶解度，科学地佐证了新旧两法生产玻璃质量优略之因。"福尔哥原料皆完全熔解，故端蒲额米厂中所得玻璃汁在百分之内可以利用七十分，而旧法则仅能用五十五分矣。"二是节省人工，利润丰厚。"若仅以三班计则用五十一人绰绰有余。而其所用之工人除专门工头外，可以随便雇佣。因其余工人纵用毫无经验于玻璃工厂者亦能作工制造，故工价廉，而工人易得。该厂玻璃成价较便宜他处百分之四十者有由未也。"

信件对比了新旧玻璃工艺，并详述中方玻璃厂建设初衷、时代背景、技术优势、前景展望，通过放眼全球的视角、谋求民族发展的立场对中国民族玻璃工业发展指明了方向。他认为比利时生产的玻璃技术优良、销路通畅、市场广大，希望中国购买比方生产技术福尔哥法（即弗克法）。"查比国所制之玻璃世界驰名，今该公司派其有成绩技师往吾国经营。正盼吾国实业家之扶助早日成立，则获利可以预期，

1　瓦尔德·那森于 1923 年 11 月回国，此前担任开滦矿务局总理。其弟乔治纳森曾任英海军义勇军预备队副司令，后成为耀华机械制造玻璃股份有限公司的总理。

2　李士伟（1878—1926），字伯芝，民国政要，广府城东街人，1902 年留学日本，毕业于早稻田大学。1906 年回国后曾任北洋师范学堂监督、石家庄井陉矿务局总办。1915 年 4 月 11 日出任中国银行总裁，1921 年 5 月任内阁财政总长。1922 年 3 月至 1926 年 12 月任耀华玻璃厂总董。

3　毛立司·罗遮，工商业工程师，曾代饶明与开滦矿务局签署合同，秦皇岛玻璃公司董事，后为耀华驻欧经理处经理。

且该厂购有用福尔哥法在中国有专利制造之权，兼有开平煤矿公司燃料之供给……查中国海关玻璃由外国进口每年得三百万密达见方，若此厂设定其每年之产额可抵进口之数而有余。成本既轻，销路必广，将来非但抵制外货之入口，且南洋一带亦可相机输出也。该厂既有福尔哥法专利之权，亦不虑他厂之设立。盖非用福尔哥法制造即难得如此之良效果也。深盼国人重注意之，勿视以为空谈而失此大好机会也。"

许熊章信谏国民政府引进玻璃生产新技术

许熊章之所以对比利时乃至欧洲的玻璃工业如此了解，除其驻外领事的身份原因，还因其是中国清政府时期第一批公派比利时留学学生。在《端忠敏公奏稿》收录的光绪二十九年二月（1903 年 3 月）《选生赴比学习实业折》记载了许熊章等清政府所派第一批人员赴欧留学的背景。1903 年 12 月，端方[1] 得知比利时实业教育甚为欧洲各国所许，且留学费用较美、德、法等国略低，毅然主张在当年派 24 人赴比留学。他在向朝廷奏报的奏折上说："查近日西方各国讲求实用教育，以为富强之基，其实业学校，如工业、商业、农林、路矿，无不精研实验，各有专门。比利时国在欧洲西部，其教育、工业技术、制造、矿业各有专修学校……故其工艺则机械最精，矿产则煤铁最富……中国地大物博，实甲全球，惟于工艺素少讲求，器械未能自制……今年朝廷作育人才，振兴实学……比国实业交精，诚能多派学生前往肄习，他日学成而归，上足以备任用，下足以裕资生，实于大局无不裨益。"临行前，端方以曾国藩"以刚大作忠义之气，以经思窍制造之术"二语赠与留学生，勉励学生"尽心研究，克底于成"。众留学生最终不辱使命，不仅谙熟西洋诸业精髓，而且在学成后皆以"刚大忠义之气"选择归国报效。

就留学者的成就与归国后贡献而言，此次公派留学是成功的。所派留学生归国后对湖北乃至中国的经济与社会现代化事业的推展起到了至关重要的作用。他们几乎都是清末、民国初中国社会进步事业的前驱人物。其中魏宸组担任过中国驻比利时大使；史青担任过京汉铁路局总工程师；石瑛做过武昌大学教授、校长，湖北建

1　端方（1861—1911），清末大臣，金石学家。托忒克氏，字午桥，号陶斋，满洲正白旗人。光绪八年（1882 年）中举人，历督湖广、两江、闽浙，宣统元年（1909 年）调直隶总督，后被弹劾罢官。宣统元年起为川汉、粤汉铁路督办，入川镇压保路运动，为起义新军所杀。谥忠敏。著有《陶斋吉金录》《端忠敏公奏稿》等。

设厅厅长,首任南京市市长,湖北省临时参议会议长;郭泰祺做过武昌商科大学校长、外交部次长、驻英大使;冯承钧是著名学者和翻译家。而许熊章回国后在袁世凯的政府任职于国民政府的外交部,后调驻昂维斯(比利时)使馆,在耀华玻璃厂的建设过程中贡献颇丰。许熊章担任通商司司长期间,出席过国际赈俄委员会,陆续参加过一些关于外交事务的谈判。

附录:《用福尔哥制平面玻璃之完善秦皇岛玻璃公司之建设》

秦皇岛玻璃公司成立于1920年12月29号,其目的在利用福尔哥新法(弗克法)在中国设立工厂制作平面玻璃。该公司既系中比合办,厂址复设在中国境内,对于中国驻比领馆自当开诚接洽一切。特邀请参观比国沙尔勒尔洼省端蒲额米玻璃厂[1],因该厂亦系有福尔哥新发专利权制造玻璃故也,参观该厂后为比较起见复约同参观用旧法以工人吹制玻璃厂。彼此两厂阅毕后其巧拙利弊自易辨别矣。愚见秦皇岛玻璃公司以福尔哥之新法专利在中国制造玻璃供给吾国之需每年大宗输入不必仰给于外来,且中国人工便宜煤价较低,成本既轻,运输上之损失亦较少,且可希望将来输出亚洲、南洋他国也。兹特将比国端蒲额米历来研究所得以致发明福尔哥之法历史罗列于左:

旧法制作玻璃

曩者制玻璃之旧方法以一人持一空心铁杆,其杆之一头处取已镕之原料,该物既热且带凝性与铁杆,易于黏合其溶质粘于杆上。既伙,则执而吹之,同时动摇烘烤,始成长管形。脱去铁杆后,由纵面而分裂之复运送至炉中烘热,再利用木具压之使平而后截切方得平坦面玻璃焉。是法,慢而且难工,价昂贵,随手工吹工手艺之巧拙而分出产之优劣。厂中空气炎热,呼吸不便兼之吹气丧肺,颇伤身体,玻璃匠因此促短寿命。其工价之贵良有以也。六十年前,经蔚黎炎门克纳尔科创用机械以代人工之议,使铁杆提玻璃溶质由下而上伸长玻璃之原料直成片形,无须用炉烘平,其成价既称便宜而工人亦免丧身之患,较之旧法不啻天渊之比。惟其理固佳,实验尚欠人完备。所以片升愈高,而其下方则愈渐缩成三角形,实验再三仍未得良善之

---

[1]　端蒲额米玻璃厂厂部设于比利时,是最早使用弗克法生产玻璃的工厂。

能决。嗣后，改用机力由上而下，令玻璃片从一缝中露出。宽狭自与缝形相等，前病遂疗，颇为幸事。奈当玻璃质下降时下重上轻厚薄不一，常至中途破裂，当设法用机器接托以减其下降之重力。然所造就之玻璃不透光明难堪试用。一八八六年至一九〇二年之中，卜斯百尔昂而艾氏与跛鲁西慕氏用机力横拖玻璃锥前项弊病可免，然玻璃片成后须平置之时与机器彼此接触亦易使玻璃受不良之损失。

阿扶蛮比国之技师也，欲从根本上解决前项之困难问题。仍用机提原质由下而上之法伸成圆管查首次中之病端，系宽边渐减缩障碍进行故伐结果欲令成管形成而无减缩厚薄之弊。斯法为美人所采用后复加以改良，方法日新月异，随时进步。数年来，伸吹机之效果遂得由此发明焉。

解决法之完美

哀媚楼福尔哥氏，比国之名誉矿师，曩充玻璃社会会长。现任端蒲额米厂总办，已觅得一改良方法。其创意之人虽系哀媚楼哥伯氏徐麦玻璃厂之技师，然关于实验上之所得则全赖福尔哥之力，其所用之机器亦甚减单一标浮器又名发源器上边挖空兼钻一长缝，缝门在原料平线之下，玻璃片由缝中出其凝结力已厚然后下线丝网与玻璃质相接，再用机力将网上提，于是玻璃之熔质亦次第上升，在发源器之上热度亦暂低，故玻璃愈高则其溶质已坚固，不受他质之渗入或变形之实。福尔哥曾在端蒲额米厂中建一小炉，其面积仅十八平方密达，等于平常玻璃厂中所用之炉五分之一，伊牺牲十五年之研究，由一而建二，由二而建三，实验二年后其出产已近三万平方密达。而其所造之玻璃与人工所制无异，但以成价而论，较之旧法则便宜百分之四十矣。按端蒲额米厂每驾机器可月出二万三千二十方密特，其厚薄约0.002均匀。

玻璃价值及其新旧法中弊病之大观

制造玻璃在旧法中所宜预防者有数种，一炭灰玻璃质在炉面内外四壁熔化时，若他熔化汁遇之则易生泡。二玻璃复烘烧时，亚鲁加利漂浮面积间易于沾染杂质。三当平舒成片之际时存留痕迹。以上各种问题在福尔哥法内须无障碍。是以福尔哥法用则其出产不失玻璃之纯质，而其双面之光华精彩毫无损碍。惟完全免去暗痕一节现端蒲额米厂中正在研究改良之法，纵不能达到全美目的必有减轻之希望。福尔哥原料皆完全熔解，故端蒲额米厂中所得玻璃汁在百分之内可以利用七十分，而旧法则仅能用五十五分矣。人工一节尤为单减，曩者制造玻璃应用人之名目如下：首次吹工、二次吹工、收除玻璃丝者、护送玻璃筒之妇女、割裂玻璃筒者及其帮助、平舒玻璃者、提石夫、开栅儿、护炉夫，三班计算其数应在二百八十五人以上。今端蒲额米厂用六十八人分成四班足矣。若仅以三班计则用五十一人绰绰有余。而其所用之工人除专门工头外，可以随便雇佣。因其余工人纵用毫无经验于玻璃工厂者亦能作工制造，故工价廉，而工人易得。该厂玻璃成价较便宜他处百分之四十者，有由来也。

利用福尔哥法之扩张

一九〇四年福尔哥法已见用于比国公司，其宗旨欲令斯法普及世界。推广势力不料欧战发生，前项计划遂成画饼。近值欧洲和平恢复后，在捷克司诺发（克）几国中已建二厂，一在阿斯多米司，二在勃米斯打。至于他处之建造尚未完工者甚多，如在英境内之昆薄那须，在法之举塞为西，在荷兰之马斯路易，在希腊之彼矮，在日本之河马加沙，几皆用福尔哥之法制造。现德人亦用是法于本年间已起首建立同样玻璃厂。尔来比人提议在中国组织秦皇岛玻璃厂，皆欲减少运输之损失，以得本轻利厚之意。查比国所制之玻璃世界驰名，今该公司派其有成绩技师往吾国经营。正盼吾国实业家之扶助早日成立，则获利可以预期，且该厂购有用福尔哥法在中国有专利制造之权，兼有开平煤矿公司燃料之供给。厂地设在秦皇岛，其资本总数为八百万佛朗，每股五百佛朗，华、比人认购股份各半。是厂总办已于本年正月初一离欧至秦皇岛，与开平煤矿总理议决进行方针。厂中伸机八架，预算十个月中应出一百五十万平方密达窗户玻璃。是厂与煤气抗火物质及将来之铁厂毗连，每年应获之利益约在十六万五千英镑即一本一利之谓也。观其预算案之明决，其机械之精美及其用人行政筹划精良可谓尽善尽美矣。查中国海关玻璃由外国进口每年得三百万密达见方，若此厂设定其每年之产额可抵进口之数而有余。成本既轻，销路必广，将来非但抵制外货之入口，且南洋一带亦可相机输出也。该厂既有福尔哥法专利之权，亦不虑他厂之设立。盖非用福尔哥法制造即难得如此之良效果也。深盼国人重注意之，勿视以为空谈而失此大好机会也。

许熊章谨识

　　许熊章信件原件，文章为纸质，保存完好，字体为小楷，清晰工整。纸面颜色因保存年代较久稍泛黄。长27厘米，宽16厘米，共10页。由中国驻比利时使馆寄往北洋政府农商部，后存放于耀华玻璃厂档案室。文稿并没标明年代，文稿中的称谓"秦皇岛玻璃公司"系耀华玻璃厂前身，据耀华厂志记载存在时间为"1920年—1921年12月"。信中有"是厂总办已于本年正月初一离欧至秦皇岛，与开平煤矿总理议决进行方针"的记述，据考证，该外资代表饶明与中方代表签署的《合股应商文件》日期为1921年正月十一。结合上两因素，信件撰写时间为1921年2月至1921年12月。信纸正面标有"中华民国驻"字样，反面有"昂维斯领馆"字样。昂维斯是比利时西北部重镇安特卫普旧称，是比利时最大港口和重要工业城市，面积140平方公里，人口45.7万人（2005年1月），居民大多使用荷兰地方方言，是欧洲著名文化中心，也是世界著名的旅游城市。按国际惯例，大使馆是一国在建交国首都派驻的常设外交代表机关。领事馆是一国政府派驻对方国家某个城市并在一定区域执行领事职务的政府代表机关。故信纸称谓为"昂维斯领馆"。

　　许熊章1904年在比利时留学时与同学的合影。照片中，两位留学生帅气的分头代替了古老的马尾辫，西装革履，文质彬彬，在绚丽的背景幕下显得英姿飒爽。场景内摆设的座椅、花桌、盆景、书籍渲染了一种娴静的氛围。有趣的是，可能不太习惯照相，两位留学生的脸上流露出了严肃的表情。照片的背面是许熊章亲笔题跋，大意是：西历1904年，游学于比国，照相留念予人惠存。上半部分用比利时文书写，下半部分则用毛笔挥洒而成，观之苍劲有力，笔墨非凡。

附录：《饶明与秦皇岛玻璃公司合同》

订立合同人一方面为德习尔·饶明君系沙洛罗洛波银行代表（寓沙洛罗）。一方面为秦皇岛玻璃有限公司（办事处在沙洛罗布里瓦奥丹街十六号以下简称公司）。饶明君与伦敦工程师米乞尔君晤谈时述及现在具有在中国利用弗克抽制平面玻璃新法专有权公司方面声称公司适宜在中国设立工厂一所或多所欲利用此种新法，双方遂签订合同如下：

第一条　饶明君按照下列条件将其所有在下列划定区域内关于此种新法之权利、特别利益、一切机器上实用之智识以及此后此项新法上随时之改革与进步均完全让与公司。

第二条　以上所称划定区域专指中国政治上之界限而言，满洲、朝鲜不在其内。至于各国在中国国内或沿海之租界殖民地、保护地如香港、澳门等处皆认为中国之一部分。

第三条　饶明君至迟于接到必要之通告后四十五日内担任供给以下各项与公司。

（甲）弗克新法抽制玻璃机器厂图式，并按照所需机器之数目连接水槽以及火炉中利用废去热力之机关等件略图。

（乙）厂基分布火炉等钢砖建筑之图式及说明书。

（丙）弗克机器架体组织样图。

（丁）连接之图式。

（戊）转用煤气空气等机械图式以及水闸等件详图。

（己）属于以上至磨电机及管理机之说明书。

（庚）制造上需用辅助机器之说明书。

（辛）能以运转机器六架之火炉池图，煤气炉高烟囱以及机炉上一切需要之配件详图。

（壬）工厂布置略图。

（癸）建筑办法图。

凡公司所派之代表，不论其为工程师、会计或工人等只需持有公司签押之书信，即可至丹瑞米玻璃工厂以及其他利用弗克新法之玻璃工厂内随意参观。饶明君并允对于此项人等予以必须之协助，俾得将弗克新法内一切改良之点完全谙习，因此之故，饶明君已与各方面接洽妥协，以省每次公司派人参观均须请求特许之烦劳。

饶明君允认对于机器上之运用，以及随时应行改良之处。不论何时由公司问询即行答复指示不另寻索酬。公司方面亦担任在其工厂中机器上遇有改良时当即通知饶明君。

饶明君因公司以后之请求允派干练之工程师一名前往中国于公司玻璃工厂完工之后切实考验并帮同安装机器以便正式开始工作。该工程师自动身赴华之日起至回国之日止一切用费及酬劳均由公司担任。在该工程师赴华之前应以款项存储于一银行归该工程师名下。至于酬劳金之数目亦应于其赴华之前由公司于该工程师自行商定。

饶明君允认协助公司选派对于机器上当有经验之总监工一名。

饶明君担任在以上规定让与公司区域之内绝不再以弗克新法直接或间接售予第三方面。新法主有人对于让友人之权利亦照此担任保护。

公司对于一切图样以及弗克新法之说明书均认为极端秘密，对于在华工厂人员非视为必要时绝不使之知悉，但按照第七条之规定凡饶明君所派之人均可视看此等图件。

在以上规定让与公司区域之外公司不得直接或间接利用弗克新法。

为酬报以上各项权益、权限、图式及说明书等项，计公司允付饶明君英金六万镑，按照下列办法即时支付其三万镑，每镑按五十五法郎计算共合一百六十五万法郎，即按当时汇兑行市之酌中数交付。此外，公司并允认对于在华工厂最初制造之六百万方尺玻璃上每方尺付给专利酬报金四便士。此款即交如梅工程师安得利古伯君转交饶明君。以上系按最初所装置之八架机器而言，在本合同订定六年之内公司如在八架机器外添置机器，则于所添机器上制造最初之二十五万方尺之玻璃，每方尺仍应缴纳饶明君专利酬报金四便士。

公司担任对于机器各部分不得向一处制造厂订造，并须将订购机器之单详慎分散于各处，以免制造机器之人尽知机器构造内容全豹之弊，但公司对于全部机器得有向蒙梭须桑布尔汉列司工厂订购之权。

关于本合同如有争执时，得由公司与饶明君两方面各派公证人一名以判断之。如双方所派之公证人不能决定，则应由两公证人会同推举人第三公证人一名以解决之。倘第三公证人仍不能决，则须诉之于沙洛罗工会会长以判定之，双方自本日起，以后如有争执允各以所争听凭公证人处理。

以上合同缮为两份于一九二一年正月十一日在沙洛罗签订

德习尔饶明　押

秦皇岛玻璃公司董事　　德福　雷咽　古伯　罗遮　押

第六章
耀华玻璃厂与秦皇岛港

　　始建于 1921 年的耀华玻璃厂，位于秦皇岛市道南地区。建厂前期，由公司发起人李伯芝等组织人员对所选厂址进行实地考察，将秦皇岛与唐山两地进行对比分析后，于 1921 年 10 月形成耀华玻璃公司筹备报告书。报告书中将秦、唐两地原、燃料成本及其他成本作对比，最终认为建厂于秦皇岛更有利于借重其水路交通及开滦资源。

一、秦皇岛港的开埠

　　据 1993 年出版的《秦皇岛港史》记载，自光绪二十四年（1898 年）清政府宣布秦皇岛市开通为口岸以来，古老的港湾又开始繁兴起来。岛上商民群聚，中外人士纷至沓来，促进了秦皇岛市区的形成。初开口岸，秦皇岛为渔民泛舟，兼有粮盐贩运的自然港湾。开埠后，开平矿务局来此筑港，开始涌进了数千名工人。到 20 世纪 20 年代，在港口的带动下，柳江、长城煤矿等一批大型工厂应运而生，耀华玻璃厂也与秦皇岛港有着密不可分的关系。

二、秦皇岛港对耀华玻璃厂创建的积极因素

　　耀华玻璃厂之所以开设在秦皇岛，主要倚托其交通与开滦资源的便利。耀华玻璃厂与秦皇岛港紧邻，它的供销，除了借用京奉铁路之外，更重要的是借重秦皇岛港与国内外交通的便利，从各地源源不断地运回大宗原、燃料。同时，它的产品绝

大部分通过秦皇岛港输往国内外各地。耀华开工后，它输入的原料与输出的产品，也成了秦皇岛港吞吐的重要物资。

（一）从工厂供销角度看秦皇岛交通优势

"秦皇岛属于直隶省（河北省）临榆县，作为华北唯一的不冻港口而广泛闻名。其位于渤海湾的西岸北纬三十九度五十五分，东经一百一十九度三十八分，是京奉（北宁）铁路秦皇岛站的所在地，位于距北京正阳门起点二百五十一英里，距奉天（沈阳）满铁站二百七十一点四二英里的地点。"1922年，耀华筹建初期，建厂所需物资主要从比利时购进，由耀华驻比经理处负责租船承运。租船经由汉堡直达中国境内，运费为每吨银圆20元。"1924年，耀华厂建成投产后，生产所需海砂、纯碱、芒硝等大宗原材料及木材、砂砖、五金器材等材料，一部分靠从美国、日本等国进口，一部分由国内塘沽等地经由海路运进。"

耀华玻璃厂投产后，国内海运玻璃主要借助开滦矿务局的运煤船。玻璃由工厂装上开滦专用火车，托运到秦皇岛港码头，进行装船。通常将玻璃放置在煤上，玻璃箱订上木拉条，防止移动导致玻璃破损。运价按照煤价增收一倍。中比合办时期，海运运费较为低廉，由秦皇岛至天津每吨仅为2.5元。而京奉铁路所规定秦津运货价款为每吨6.32元。如果工厂选址唐山，则玻璃成品须由铁路运至秦皇岛港码头，假以开滦煤田中心起，至秦皇岛终，距离约73英里，煤的运费约每吨0.45元，因玻璃危险易碎，故价格近煤的一倍，即运费按每吨0.8元计算，玻璃每箱重约0.063吨，以年产15万标准箱为准，则为9 450吨。由此可得，如在唐山建厂，每年单产品输出上就要比秦皇岛额外增加约7 560元。况且，玻璃生产还涉及大宗原料、燃料、机器设备等输入问题，故额外运费恐之更多。因为海陆运输价格的颇大差异，且耀华玻璃销售多往长江中下游、中国香港，以及日本、美国和东南亚等国家和地区，海路运输极为便利，而且海运现状安全。因此，中比合办时期，海运玻璃占全年玻璃总运量的90%以上。

（二）工厂充分借重开滦资源

耀华玻璃厂设于秦皇岛，也欲借重开滦矿务局在秦皇岛的便利条件。耀华玻璃厂是在周学熙的大力支持下成立的，其中方股金主要是滦州矿务公司各股东由累计的"新实业开发基金"拨交。因此,很多开滦的股东亦是耀华股东,所以开滦矿务局为耀华的发展提供便利。开滦矿务局为耀华的创建解决了土地、设备、交通线、原燃料、销售等问题,并于1924年5月企业投产前签订了耀华委托代管全部业务合同。

筹备与生产方面。耀华厂址占地131亩,其中120亩是开滦矿务局租给耀华,土地租金为每亩地每年10元。余下土地为国家所有,土地租金每亩每年仅付1元。故耀华选址秦皇岛建厂,其土地使用费用甚为低廉。同时,矿务局廉价出售给耀华各式缸砖、建筑用砖、水泥等建筑用材,帮助其建厂。工厂厂区靠近秦皇岛火车站,并由开滦代为铺设一条直通工厂的铁路专线,耀华所需进口货物以及出口的玻璃都由开滦矿务局代运,减收或者不收运费,运输极为方便。筹备期间,开滦供应耀华的生产和生活用电,帮助其生产。耀华厂址紧邻开滦煤矿,煤炭供应就近,燃料有保障。

市场方面。开滦依托自己建立起的强大销售网络和积累的极高信誉,注重市场调查、增加市场竞争力,使耀华很快在中国打开市场和站稳脚跟。同时,将耀华玻璃远销海外,推销到东南亚、日本、欧美等地。

运输方面。在耀华成立之前,开滦矿务总局一直控制着秦皇岛港,形成独特的隶属关系。开平矿务局通过秦皇岛经理处与分设沿海各港的开平码头、货站、经销处联系起来,形成了一套严密的运输体系。

三、秦皇岛港对耀华玻璃厂运营后的现实影响

1924年5月13日,开滦矿务局接管了耀华厂的经营业务,并交给开滦秦皇岛经理处经理。7月,耀华玻璃厂告竣,总投资计66.75万元,9月开始生产玻璃。

利用秦皇岛港的便利条件建厂,为耀华玻璃厂产品的运输与外销提供了便利。"该厂所出常用玻璃,各等厚薄一律,远驾欧洲舶来货品,就现有之机器而论,每日可出玻璃五百箱,每箱一百平方尺。"据《华洋贸易关册》统计,自1924年首次出口玻璃8 456箱,至1928年已提高到310 800箱,远销中国沿海和日本、朝鲜。

一直到 20 世纪 80 年代末，耀华玻璃已经远销中国香港和新加坡、印度尼西亚、马来西亚、日本等亚洲市场及非洲、美洲、大洋洲、欧洲等 60 多个国家和地区。从 1954 年至 1981 年出口量达 1 430 万重量箱，占全国出口量的 60%～70%。特别是在中国香港地区，耀华玻璃占全港普通平板玻璃销售额的 31.29%，并转销波兰、捷克、泰国、苏联、朝鲜、缅甸等地。

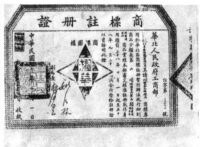

耀华机器制造玻璃股份有限公司"阿弥陀佛"商标章。耀华 1924 年 4 月注册的商标为"阿弥陀佛牌"；1925 年改用"双套金刚钻牌"并沿用至今。由两片平放和竖立的晶莹平板玻璃组成的双套金刚钻，寓示着产品具有平放不碎、竖立不倒的高贵品质，寓示着耀华永恒的开创精神。

1933 年耀华玻璃厂全景

　　1933 年采板厂。图文资料原文："由上图可见熔化池之总门外所置原料一堆，即待入炉。本厂现方设置新式机器自动填料可由原料配合室选送入炉。由下图可见，自炉中抽出成片玻璃情形，盖已由原料成为制造品也。"

　　电灯房，今秦皇岛市玻璃博物馆主展厅。图文资料原文："耀华机器制造玻璃有限公司秦皇岛工厂所设置之机器均系最新式之制玻璃机器。本厂所用电力系开滦矿务局总电台所发之三千伏特之直流电，经过高压电线由最新式之变流机变为三千伏特之交流电。自动发生煤气炉，供给煤气熔化制造玻璃原料，熔化玻璃池以耐火砖筑成，约容液体五百吨。"

　　工人子女教育讲室。图文资料原文："教育为吾国需要最切之事。本公司建设小学一所，专为员工子女就学之用。课程悉照部章规之规定，教室宽广，空气流通，关于体育及一切运动尤提倡不遗余力。"

　　近代耀华玻璃厂自货栈通往秦皇岛港的火车及货轮。图文资料原文："玻璃出厂之后，或装入火车由国有铁路直接运至收货地点，或在秦皇岛上船直接运至收货地点最近之口岸。装卸均由矿务局人员自行办理，细心监督直接运输途中破损却能减至最低限度。中国各口岸以及日本、小吕宋时有轮船往来订货，立即寄发绝无迟滞之虞。本公司运之玻璃箱面均印有一定标志载在附图，如购主愿印别种标志，订货时预先声明，本公司亦能代印。箱面印有制造厂名及中国出品字样，箱内共装英方尺数目，暨玻璃之重量及等第以及片之大小及数目均印在箱之一端。如下附箱图，箱内共装十六两重之玻璃三十一片，每片长二十六英寸，宽十八英寸，共合一百英方尺。如所系皆系四等玻璃，则不标明等第，每箱均印有本公司商标。所有定单号数暨发货之总箱数以及购主自愿加印之私家标志等亦均照印以资识别。"

　　1933年工人住宅。图文资料原文："耀华机器制造玻璃有限公司深知欲求美满工作须有充足工人，故尽力为工人建筑住房，房中均安设电灯。地址清幽，环境极好，房屋一律南向，夏可享受海上清风，冬令北风自西比利亚高原南下之时亦有所屏蔽也。住宅每段均有充分清洁水量以供给其需用，又每家均有电灯，亦有卫生夫逐日打扫。"

第七章
耀华玻璃厂与开滦矿务局的关系

一、耀华玻璃厂创建的契机

1903 年，比利时人埃米尔·弗克（Emile Fourcault）发明的"弗克法"问世以后，平板玻璃从手工生产跨入机器连续大批量生产的时代。1914 年，世界上第一座采用"弗克法"制造玻璃的工厂在比利时建成。此时中国玻璃市场日益扩大，产品多依赖于进口，引起在华经商的比利时人的重视。1920 年，开滦矿务局伦敦办事处在一份报告中详细陈述了利用外国技术在中国特别是秦皇岛建立玻璃厂的有利条件，并提到比利时方面有意在中国投资建厂，同日本竞争。1921 年，开滦总理英人那森休假回国，途中亲赴比利时考察玻璃工业。对弗克玻璃制造法十分认同，并认为如能在中国应用，定能谋得厚利。遂与周学熙商议创办玻璃厂事宜，决定创建独立生产玻璃的耀华公司，"由滦矿、开平各拨款附入，作为股本，其经营亦由开滦局代为经理"。

事实上，开滦煤矿协助耀华玻璃厂创建并非偶然。早在 1912 年 1 月 27 日开平煤矿与滦州煤矿合并为开滦矿务总局，其"新事业"创建资本积累就已经开始。

二、开滦矿务局的创办

19 世纪末的中国，到处是帝国末日的悲哀。英、法等列强在军事、经济、政治上加紧侵略中国，中国的封建经济进一步解体。清政府以直隶总督李鸿章为代表的洋务派，为维护帝国的统治，从 1860 年起开办了一些军事工业和造船业。这些工业的发展和对外通商的航船，亟须大量的煤炭做燃料，而当时土法采煤已远远不能满足需要，大规模经营采煤业成了清政府的当务之急。

清光绪二年九月十八日（1876 年 11 月 3 日），李鸿章派上海轮船招商局总办、候补道唐廷枢到开平勘察煤铁矿物情况。唐廷枢到开平开展调查后，于当年 11 月 14 日，将看到的大量情况向李鸿章做了禀报。他说："查风山至古冶，由西向东连绵约五十里，由山根至山脚尽是旧煤矿，入矿井查看矿层，均系环拱而生……三面均往地处而走，则高低均有煤可知。且据该处开滦土人云，无一桶能采煤至底者则其底者煤多更可想见……据西人马立师（Morris 英国矿师）土人所采之一槽，已有煤六百万吨，则将来有别槽，其数更巨矣。"此外，唐廷枢还论述了土人与西人的采矿情形，以及开平煤的价值。1877 年 9 月 9 日，唐廷枢向李鸿章禀报了开平煤铁矿石化验结果。化验表明开平煤矿与英国最好的煤矿"成色"相仿，采办有把握。因此，唐廷枢提出"极宜开采"和经费筹划等意见。9 月 15 日，李鸿章批准唐廷枢筹办开平矿务局，但由于清政府财政困难，矿务局由官办改为官商督办。9 月 27 日，唐廷枢设开平矿务局招商章程 20 条，拟集资 80 万两，分作 8 000 股，先开一个煤矿，并造生铁炉两座，熟铁炉二三十个，待生意兴隆，需添置机器，或另开新井，可再招新股 20 万两，合计 100 万两。章程还规定，开平矿务局虽是官督商办，但煤铁销售，仍需商人去办，要按买卖常规办事。一周后，李鸿章批准了唐廷枢拟定的章程，允许筹办。创建后的开平矿务局经营效益比较丰厚。从 1888 年开始发放股息。1889 年至 1899 年盈利约 500 万两白银，相当于股本 150 万两的 3 倍多。

1900 年，八国联军攻陷塘沽、天津。趁此机会，英方将直隶、热河两省矿物督办张翼逮捕，以处决恐吓威胁张翼，建议将开平局置于英国旗帜下加以保护，诱使张翼签署了"广招洋股，将开平作为中外合办的公司"的合同与一份"公司一切土地、房产、矿山、轮船以及一切财产所有权与管理权全行交给英方"的合同。1902 年 11 月以前，由于英国侵占者们忙于对开平产业的接收，他们打着"中英合办"的旗号，在开平煤矿井架上悬挂中、英两国国旗，因此不明真相的中国政府与民众一直被开平煤矿"中英合办"的假象所迷惑。1902 年 8 月，伦敦开平矿务有限公司派来新的总办威英，并将中国龙旗撤下。龙旗事件爆发后，引起了中英极大的矛盾。但是，在开平矿区已站稳脚跟的英国人执意不许中国龙旗再挂入开平煤矿。1906年，眼看收矿无望，袁世凯批准周学熙创办滦州煤矿，意在抵制英人控制的开平煤矿。

三、耀华玻璃厂筹备的资本来源

周学熙作为坚持维护民族利益的实业家，在1905年全国展开收回利权的运动中，就认识到只有扩充聚集新资本，开办本民族的实业，才能"收回利权、开发资源"，并在自己办的滦州矿务公司积累资本，以发展壮大新企业。1912年1月27日，滦州矿务公司与开平矿物公司合并，两矿《联合办理合同草案》上也特别载明："所有净盈利在英金三十万镑以内，开平公司股东应得百分之六十，滦州股东应得百分之四十；过此盈余之数，应由两公司股东平分。嗣后总局兴办新事业……所得净利，应由开平、滦州股东平分……股东分利满十五万镑之后，所余之数先提十五分之一，归直隶兴办实业用。"1912年至1921年的10年中，由于经营有方，滦州矿物公司获利高达6 809万元，按上述章程规定发放股息外，其盈余之数，提作新事业开发基金，并填给股东"新事业存折"，作为"尽力兴办地方公益事业，为直省谋幸福，又投资新兴各事业中，以资鼓励"（《周学熙传》，第237页）。与此同时，比利时秦皇岛玻璃公司在实施在中国建厂生产玻璃的计划过程中碰到了许多困难，欲把取得的在中国使用"弗克法"制造玻璃的权利转让他人。时任滦矿公司董事长的周学熙不但已筹备组建生产玻璃的新公司，并且早已准备好了资本。

1921年8月，周学熙与比利时秦皇岛玻璃公司代表英人瓦尔德·那森礤商洽谈，达成中比合资办厂的协议。同年12月签订《华洋合股合同》。公司定名为"耀华机器制造玻璃股份有限公司"，总事务所设在天津。主要由于土地使用费用低廉、煤炭供应就近、水陆交通运输便利，以及借助开滦矿务局在秦皇岛的设施条件等有利因素，决定将工厂建在秦皇岛。

同年，签订《开滦矿务总局对耀华公司予以协助的合同》。合同（草件）采用较常见的信纸誊写，无封皮，左侧装订，长约26厘米，宽约14厘米，共12页。

附录：《开滦矿务总局对耀华公司予以协助的合同》

合同此造为开滦矿务局（以下简称矿务局），彼造为耀华机器玻璃有限公司（以下简称公司）。公司设于中国，纯以制造窗户玻璃及各种玻璃器皿为宗旨，已于十二月六日由开平矿务有限公司代表开滦矿务局与比国对华贸易研究会及德习尔饶明君订立合同。关于该合同第一条协定推广其义为左。

第一条　矿务局对于公司一切计划之进行，允予以势力及职务上之协助。

第一目　矿务局以坐落秦皇岛京奉车站迤南之地（参看附图上标明红绿色者即是该附图即为合同之

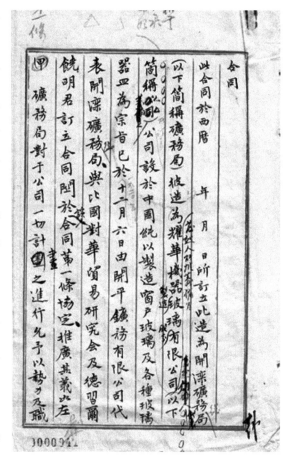

一部分）租与公司。该项地基计共一百三十一亩六分四厘（每亩按六千六百零九方尺计算），其中九十一亩七分一厘为伦敦开平矿务有限公司将该地租与公司，租期二十九年，至一千九百五十年七月十四日为满期；其余三十九亩九分三厘为中国政府租与矿务局之荒地，租期自一千九百二十年算起，凡三十年，今由矿务局转租与公司，其期限以矿务局向中国政府承租之期限为止。

第二目　公司对于矿务局自有之地每年每亩应付租金十元，转租之地每年每亩应付租金一元，此项租金均须先行付与矿务局。矿务局特许公司将该地填平以备安置机器之用，该项地基之界限由矿务局安立界石以为凭证。

第三目　租地期满时，若公司仍愿长期续租，矿务局允许其长期关于矿务局自有之地仍按现在条件续租；其由中国政府承租之地期满时，若此后能得中国政府允许，按照矿务总局承租秦皇岛荒地长期办法亦可续租。

第四目 若公司嗣后查悉该项地基完全不适于用，可以当时通知矿务局将本合同取消，矿务局并担任代觅相宜之地基以最适宜之条件租与公司。

第二条 矿务局担任尽力代招所需之工人。

第三条 第一目 矿务局先以各种大小各式之钢砖与火泥以及尺寸有定建筑用砖按照下列价目售与公司。

头等火砖及火泥 　　每吨十九元二角五分

二等火砖及火泥 　　每吨十一元二角五分

三等火砖及火泥 　　每吨七元二角五分

建筑用砖九寸长四寸半宽二寸半厚 　　每一千块八元五角

以上价目系按照由铁路运至唐山者计算，若由铁路运至秦皇岛，则钢砖每吨须加洋一元三角五分，建筑用砖每千块加洋四元四角五分。

第二目 除铁路转运多费遇有加价时不计外，以上所列价目决不再加。为公司维持或扩充计，遇有需用此种材料时，由公司工厂正式开工有规定出品算起两年之内皆按上列价目办理。

第三目 公司制造玻璃两年后第三条所列各种物品价目皆应完全修改。

第四目 若矿务局设专厂制造矽砖时，矿务局担任将来以其出品供给公司，其价目当由矿务局与公司互相商定。

第五目 若公司之技师对于矿务局所制钢砖或建筑用砖视为不适于玻璃工业之用时，本合同各条不得强迫公司操用。

第四条 第一目 矿务局先以选出最上等之煤供给公司煤气机及他项之用。

第二目 矿务局先于公司成立制造玻璃两年之内售煤与公司，不论运至唐山或秦皇岛，皆按成本出售。

第三目 在上列两年期限之后，矿务局担任不论何时按照公司营业上之需要售煤供给之与公司。遇有煤斤出品缺少、存储无多或输运困难时，矿务局对于公司不比照其对于自设铁厂，凡机炉之须接续用煤者予以同一之优先权。

第四目 关于上条所述之煤当按矿务局与公司互相规定之价目售与公司，但此价目不得较高于售煤时之市价。

第五条　矿务局先以所属各工厂尽其能力所及供给公司之用，但公用之范围须完全由矿务局自行规定。

第六条　矿务局先以可属商业及转运上之组织协助公司，凡公司可需之原料、物品须由外洋运送以能多运至秦皇岛为目的。至于转运之费，应按照矿务局自行运输材料物品之价目由公司担付。凡矿务局之出品运至公司工厂内，一切运费可以豁免，其他材料之代运入公司房屋或由公司房屋运出者，公司应按车运每吨运费六分付与矿务局，其余材料或制成物品在码头上之代运代卸费，矿务局按照自付运卸数目向公司索取费用。

第七条　磨机未到之前，矿务局担任以磨碎之赵沟庄硅石由铁路运至唐山，每吨按二元五角计算，由铁路运至秦皇岛，每吨按三元七角五分计算售与公司。若公司之技师对于此项硅石视为不适于玻璃工业之用时，本合同各条不能强迫公司采用。

第八条　矿务局对于唐山或秦皇岛公司工厂中需用电流时，不论强力若干先于可用之地点及时间以电流供给公司之用，此种电流之价值当按照矿务局与铁路及其他公共团体所订，现行之价目由矿务局与公司互相商定。

第九条　若矿务局将来在公司工厂附近创办时，矿务局先以该项铁厂焦炭炉或附原机器中所余之煤气供给公司，并代为接通公司之机炉以便应用，其价值当按最低数随后另定。

以上所各项不遇略举利益之数端，矿务局对于公司之协助并不以上列各条为限，合并声明。

就《开滦矿务总局对耀华公司予以协助的合同》本身而言，其与一般的企业合同有很大的区别。首先，合同订立双方均为中国北方知名民族企业，与外资又有千丝万缕的联系。其次，合同不具备对等性，所有款项皆为开滦矿务总局对耀华公司的义务，是双方有意识的单方面协助行为。

从合同上看，第一条即是"矿务局对于公司一切计划之进行，允予以势力及职务上之协助"，可以说开滦矿务局对耀华筹建工作的帮助是竭尽全力的。一是耀华的建设用地是从开滦煤矿租借的，考虑到水运、陆运等诸多因素，矿务局将秦皇岛京奉车站以南共计131亩之地租与耀华。二是矿务局担当耀华代招所需之工人的责任。三是为耀华玻璃厂熔窑的建设提供生产用砖，并允诺价格由矿务局与公司互相商定，若耀华认定矿务局所制钢砖或建筑用砖视为不适于玻璃工业之用时，不得强迫耀华操用。四是矿务局选出最上等之煤供给耀华使用，并且两年内煤价不得加入运费，按成本出售，不得高于市价。矿务局生产的产品运至公司工厂内一切运费可以免除。五是矿务局对于耀华需用电流时，不论强力、地点、时间，供给公司使用，电价由矿务局与公司互相商定。合同中常常出现"相互商定"的语句。实质上，创建之初的耀华受开滦矿务局代管，并受同一领导层管理。据《河北文史资料全书》所载文章，向予阳编著的《开滦港口电厂的兴建与发展》记载，南山电厂是在1921年建成的老电厂的基础上建造的，主要原因是"老电厂效运低下，难于应付需增设电器机车；耀华玻璃厂扩建，码头装卸，机修设施动力的增加……电厂的设计规划、管理组织都是经开滦煤矿和秦皇岛港口领导审定的……耀华扩建后，用电量增加，但也满足到南区约100家工商业户用电"。由此可以证实，在开滦控制下的南山电厂即是合同所指支援耀华电力供应的来源。

耀华筹备完成后，进入开滦代管阶段，公司董事会每月听取受托人、管托人关于生产经营业务的报告，查阅业务账目；每年听取账目报告。平时生产经营方面的重大问题都要由开滦总经理向耀华总董请示汇报，经总董代表公司董事会批准后再由总经理执行。可以说，当时设在秦皇岛的玻璃厂作为耀华公司下属的生产单位，是直接在开滦总经理的指挥下组织生产的。

不但在筹备、人事、生产等环节，耀华公司还在组织上从创建伊始实质受开滦领导。据《耀华厂志》记载，1922年3月27日，天津召开第一届耀华股东大会，董事会推选中方甲股董事李伯芝（开滦煤矿董事）为总董，比方乙股董事瓦尔德·那森（开滦矿总经理）为协董。事实上，由此两人出任总董、协董并非偶然。早在1912年1月27日签署的《开滦矿务局联合办理合同》的开平矿务有限公司代表即是那森。滦州矿务有限公司代表中排在周学熙之前的李伯芝同样也是1921年12月22日签署的耀华公司《华洋合股合同》的发起人。《华洋合股合同》第十款规定："董事会应选派总理、协理各一人，以经营公司事务。总理为洋人，协理为华人。总协理均有管理公司全部业务之权。"据《中国耀华集团公司章程》第三章"企业领导体制与组织机构"记载："公司总理、协理是公司日常生产经营管理的负责人，其职权主要是负责公司全部业务，向总董、协董推荐重要员工，选任公司一般办事人员，代表公司与第三方订立合同等。"在与开滦矿务总局正式签订委托代管合同后，开滦总经理同时行使耀华总经理协理的职权。

四、耀华玻璃厂是华北工业链条的重要环节

同为民族企业，业务关联紧密，有共同的组织领导。耀华与开滦的深层次联系，可以从其总董李伯芝的生平略见一斑。

李士伟，字伯芝，早年于日本早稻田大学学习，入政治经济科，重点学习现代经济理论。1906年，李伯芝毕业回国，随即投入直隶总督兼北洋大臣袁世凯的幕府。他本人却热心于实业，倡导实业报国。1906年，启新洋灰股份有限公司在原唐山洋灰公司的基础上宣告成立，由周学熙任经理。该公司是当时全国资本较为雄厚、规模与产量较大的企业之一。李伯芝与袁世凯、周学熙、张镇芳、王锡彤、孙多森等均为公司大股东，并一直担任公司的董事职务。

1908年，李伯芝与周学熙、孙多森等在北京创办京师自来水股份有限公司，李伯芝为公司的董事。该公司自1908年4月开始筹建，到1910年2月正式向北京城内供水，共建成两座水厂，并兴建了总公司和10个分局。京师自来水公司的建立，结束了北京居民数千年来饮用井水、河水的历史。

袁世凯任直隶总督期间，在派周学熙创办滦州煤矿公司的同时，还以收回矿权为名，先后派梁敦彦、梁如浩与德国人汉纳根谈判，由中德合办井陉煤矿。1907年，杨士骧继任直隶总督后，继续进行谈判，并于1908年4月与汉纳根签订合办井陉煤矿合同。井陉矿务局成立后，李伯芝被派任为督办。此外，李伯芝还担任南洋工业促进会会员、合兴矿业公司总办、通伟工业公司董事，又兼矿工联事会董事、中国银行总裁等多职。李伯芝既参与政事，又投身北洋实业，并成为北洋集团中一个举足轻重的人物。

1915年4月，周学熙再任财政总长。辛亥革命前周学熙曾与李伯芝一起创办启新水泥公司、京师自来水公司，他十分欣赏李伯芝的才干，所以指名要李伯芝担任中国银行总裁（周学熙与李伯芝后来结为儿女亲家）。1915年4月12日，袁世凯

免去李伯芝的参政院参政职，任命他为中国银行总裁，接替前任萨福懋。4月15日，李伯芝"到行任事"，时年37岁。李伯芝是中国银行历史上的第二任总裁（即行长）。

1915年7月，李伯芝与周学熙、袁克文、梁士诒、孙多森、萨福懋、张镇芳等政界经界有影响的人物，再次发起组织，成立通惠实业有限公司，主要办理各种实业计划经营及介绍、金融及信托业务和各种债票之应募或经办等。公司于7月15日正式开业，先于北京设总公司，上海、汉口设分公司。随后相继于山东烟台、河南新乡、天津、上海等地创办通益精盐公司、通丰面粉厂、通孚堆栈以及沪丰堆栈、协孚地产公司等多种企业。

1915年10月，由李士伟与周学熙联名发起组织华新纺织公司，资本定额1 000万元，由政府出十分之四，其余为商股。周学熙呈请立案后，很快得到袁世凯批准。袁世凯死后，到1919年华新纺织公司又先后建成华新津厂、华新青（岛）厂，之后又于河北唐山建成华新三厂，于河南卫辉建成华新四厂。四厂的陆续建成，使周学熙、李伯芝为首的北洋实业集团进入发展的鼎盛时期。

1921年，耀华机器制造玻璃股份有限公司建立，李伯芝参与了最初与比利时人毛立司·罗遮的谈判与组建工作，并在1922年被推举为公司总董（即董事长）。1924年，周学熙为了应付北洋实业集团内部的矛盾和当时欧美资本主义国家经济危机对中国民族工业的影响，成立了"实业总汇处"，以为控制所属各企业的枢纽。次年，"实业总汇处"改组为"实业协会"，周学熙任会长，李士伟和王锡彤任副会长。

由此人事任命上看，耀华玻璃厂从筹建伊始就非孤立的存在，而是被纳入北洋实业集团，成为华北大工业集群的一部分，与启新洋灰股份有限公司、开滦矿务局、京师自来水公司、井陉矿务局、合兴矿业公司、通伟工业公司、中国工业银行、中国银行、通益精盐公司、通丰面粉厂、通孚堆栈及沪丰堆栈、协孚地产公司、华新纺织公司共同构成了庞大的周氏实业的中坚力量。那么同在一个利益集团的开滦矿务局对耀华公司的无私援助就在情理之中了。

五、开滦代管时期耀华产品的销售及利润分配情况

张鄂联在《耀华玻璃公司初建片段》中回忆，委托开滦代管业务后，开滦采取

多种方式推销耀华玻璃：自销，开滦设在各地的经理处均直接销售玻璃，如天津、北平、上海、沈阳、秦皇岛；委托经销，如烟台、青岛、厦门由和记洋行经销，汉口、广州、福州由天祥洋行经销；现货特销，在内地通铁路的集散地设立仓储点，备有普通规格现货供应，及时满足当地需要，如保定、石家庄、新乡等；代运到站，能由秦皇岛运输直达运输地点，按用户需要，代办发运手续，以方便用户。每月、每年各地将销售详细情况分别写出报告，分析商情和预测前景，由开滦矿务局汇总并提出生产销售方面的改进意见，供耀华采纳。这个报告制度，内容切合实际，具有指导意义，在开滦代管耀华业务 17 年间，始终坚持执行，对于耀华面向市场、发展生产以作出正确决策，提供了可靠依据。

在盈利分配方面，开始时耀华致力于薄利多销，占领市场，盈利不大。因资金短缺，多依赖银行贷款及开滦垫款维持周转，无力向股东发息。耀华玻璃上市立足已稳，此时董事会决定将盈余先投资于实业，推迟发息，引起部分股东不满。1931年终于发息 8 厘，这是公司第一次将盈利分配给股东。1932 年再次发息 8 厘，外加红利 12.536 厘，约为股本的五分之一。这样既有厚利，又增加了新的资本，"一窑变两窑"对华北实业界震动很大。当时天津证券市场上启新、滦矿的股票均上市成交，耀华股票则被视为殷实财产，持在家族或个人手中，保本取息，轻易不脱手转让。

耀华玻璃厂创建至 1949 年的管理模式基本脱胎于开滦矿务局，继承了股份制与西式管理的有益成分，其组织、生产、销售等方面的发展与完善，为耀华在抗日战争、解放战争结束后的重建与迅速恢复生产奠定了基础。

第八章
日军强占时期的耀华玻璃厂

1933 年 2 月下旬，驻东北日军开始向热河及华北进犯。3 月初占领热河全省，5 月下旬侵占秦皇岛。据《河北文史资料全书·秦皇岛卷（下）》第 823 页记载，日军侵占华北后，影响到比利时在华北投资的信心。1936 年夏，比日双方在巴黎密商将比股售与旭硝子株式会社，中国驻法使馆得悉后电告南京外交部转实业部，耀华遂派董事赴南京请求阻止，未有结果。因为公司章程只规定中方股份不得押售于非中国籍之人，而对比方股份的转让并无限制的条款，形成了双方权益不平等。所以在股份转移上中方股东毫无法律保障。9 月，比日两方代表办理股票移交手续。10 月 19 日，耀华召开股东临时会选举日方董事及监察，以替代原来比利时代表。这样，中方股东被迫接受了既成事实，政府当局不仅未加干预，实业部还准许备案，耀华从此由初创时的中比合营变成了中日合营。

日方股份系由旭硝子株式会社为主出资，大连昌光硝子株式会社也参与投资，均属日本三菱财团。在合营之初，昌光除已将其玻璃销售东北、华北同耀华竞争外，又在沈阳设立昌光奉天工厂，1940 年竣工投产，设计能力年产玻璃 50 万标箱。这样日方既占有耀华一半股份，又掌握昌光之大连、沈阳两厂，从而达到了垄断中国平板玻璃工业及市场之目的。

为保持现状，日方对耀华的机构人员未做大的变动。总董龚心湛、协董那森继续任职。原来委托开滦代管耀华业务亦未改变，因此形成了耀华管理中的中、日、英三角关系。但日方对工厂的生产和管理极为注意，调来昌光总工程师杉森政次及其他人员来接替比利时人，在详细调查两窑情况后，决定集中力量对二号窑进行大改造，将 1 个引上通路改成 3 个通路；玻璃板由 1.2 米放宽为 1.8 米，并扩大熔化部、变更煤气炉等。经过 20 个月停产改造，1940 年新窑恢复生产，产量高达 56.9 万标箱。这时一号窑已经停产废置，二号窑产量超过原来两个窑的产量，在技术改造上取得明显效果。同时，关闭 1 个窑也使管理集中，效率提高很多。

在技术改造取得成功的情况下，玻璃产量倍增。1939—1943 年连续五年耀华均获得较高盈利，发给股东股息红利保持在 2 分的水平，其中 1941 年高达 4 分。当时日本侵华战争已扩向内地，太平洋战争刚起，采取这样的高息政策，也是日本笼络人心的一种手段。此时的开滦煤矿也由日本军方接管，英方人员变成战俘。日本股东不愿继续由开滦代管耀华业务，遂改耀华为自管，重新组织总事务所。日方调工厂总工程师平冈太郎为协董兼经理，中方派刘翁云任副经理。各主要负责人均由日籍人员担任，至此继工厂之后，总事务所工作全部由日方掌握。

随着抗日战争节节胜利，日本败局已定。华北沦陷区经济日趋困难，玻璃无人问津。日方为了争取军方支持，曾实验制造光学玻璃，供作军用望远镜之用，并在工厂建了小窑生产，但为时已晚，于事无补。1945 年 8 月 15 日，日本宣布无条件投降，8 月 31 日所有日本人离开秦皇岛，10 月 23 日日方将其股票交出，由中国按敌产接管。至此中日合资结束，耀华进入官商合办阶段。

《耀华玻璃公司第七十七次董事监事联席会议记录》首页原文：

中华民国三十年三月十四日星期五下午三时，耀华玻璃公司假英租界咪哆士道开滦矿务总局开第七十七次董监事联席会，列席者为龚总董、那协董、周实之、李益臣、袁心武（并代表庐开瑷君）、王仲刘、王少溥、李企韩、普瑞杉、森政次（并代表大野政吉君）、井平冈恭太郎（并代表盐井秀男君）、九董事石松岩樱泽忠四郎（并代表翁长良保君）两监视人，在座者为李伊德、周鉴澄君（法律顾问）、杨谷受（常年会计师）及秘书郭志平君。上届议事录因已油印分送省略宣读，由总协董分别签字讫，遂讨论各案如下：二十九年度帐略，总董提议那协董复议，截止至二十九年十二月三十一日止之帐略请照案通过，其中有折旧一项经那协董详加解释后即一致通过。民国三十二年五月六日摄于天津丰靖阁，大桥民夫平冈太郎、郭治平樱泽忠四郎、大头尚一龚仙舟、周脩曾、曲谷卓。

第九章

官商合办时期的耀华玻璃厂

据《河北文史资料全书・秦皇岛卷（下）》第824页记载，日本投降后，重庆国民党政府开始组织对敌伪产业的接管工作。当时确定由经济部资源委员会负责接收重工业厂矿，并派兵工署昆明第二十三兵工厂负责人龚祖同为接收委员，负责接收耀华。龚祖同清华大学毕业，曾留学德国，对光学玻璃颇有研究。在此之前，国民党河北省政府已先期来到华北，由河北省财政厅派金邦正（曾任耀华副工程师）及郭治平（耀华玻璃公司秘书）2人从日本手中接收了日方股票。经过平津区敌伪产业处理局与经济部晋察冀特派员办公处向河北省政府交涉后，耀华划归经济部资源委员会管辖，由资源委员会接管日股。

1946年5月，官商合办耀华玻璃股份有限公司组成新的董事会，并修改公司章程。双方协商后新的董事为19人，其中官方9人，商股10人；监察3人，其中官方2人，商股1人。董事长由翁文灏（国民政府行政院副院长）担当，官股常务董事为姚文林（资源委员会天津化学工业公司总经理），商股常务董事为袁心武（袁世凯第六子、原耀华总董）。新聘总经理张训坚，南开大学毕业，曾留学英国，在国民党政府审计部及经济部任职多年，与耀华股东陈范有、陈达有系亲戚关系。工厂厂长为龚祖同。

抗日战争胜利后，内战又起，百业凋零，交通阻塞，货流不畅，因此玻璃销售与原材料供应均处于困难境地。耀华玻璃厂在生产上遇到的主要问题是自创建以来，耀华的生产技术均由比利时人与日本人把持。尽管如此，我方人员利用各种机会学习原料配方、熔化、修窑、槽子制造、引上、切裁等基本操作技术。因此，当日本技术人员离开后，我国技术人员及老技术工人立即挑起重担，坚守岗位，继续操作，玻璃生产未曾中断。但是，由于物价猛涨，生活困难，职工情绪低落，再加上管理不善等原因，致使生产混乱，产量、质量下降。1946年至1948年期间，3年生产玻璃66万余标箱，平均年产仅22万余标箱，与中比合办时期年均25万标箱、中日合办时期年均35万标箱以及历史上最高的1940年产量56.9万标箱相比较，官商合办的三年是耀华生产水平最低的阶段。

20多年来，供销经营具体业务，很长时间由开滦代办，后虽实现自己经营，但产品销售又委托三菱，在此条件下，耀华自己承担全部经营业务，主观、客观都面临许多困难。在销售方面，玻璃用户多集中在沿海地区。不论是开滦代办，还是三菱经销，实际上主要城市的玻璃市场由几家大的玻璃商号把持起来，如平津的同祥涌等八大家、上海的蔡仁茂等六大家。这些大户各自拥有零售点，经营批发、门市、加工等业务，互相之间有竞争，又联合对付耀华厂。

面对这些不利条件，耀华以天津、上海为基点，掌握北方、南方两大市场。天津由营业科直接销售；上海则专门设立耀华上海经理处，负责南方一带的销售，选派精干得力人员，承担销售工作，争取一些矿厂、铁路的直接订货。未销售的玻璃则由秦皇岛分别运往天津、上海作为现货储备，按市场供求情况随时投放现货，起到稳定市场、防止投机的作用。为了应对浮动的物价，玻璃销售以粮为本位，一标箱玻璃相当于当时的三袋标准面粉的价格。

1947年，当耀华在华北及江南已占有市场优势后，仍继续向南向东发展。首先利用资源委员会的关系，委托资委会台湾材料事务所为耀华玻璃在台湾的代销机构，由秦皇岛及上海用船运玻璃到台湾销售。1948年，耀华正式成立台湾经理处，自行销售玻璃，同时在广州建立耀华广州营业所，向华南推销玻璃。广州解放前夕，该地人员移驻香港继续工作。以上派出人员，一度曾与耀华失去联系，处境十分困难，但他们坚守岗位，恪尽职守，想尽一切办法，将售出玻璃所得价款用现汇或物资（面粉、钢材、电料等），寄回秦皇岛，为耀华的顺利复工贡献了一份力量。

1948年10月，辽沈战役开始，锦州解放，冀东一带国民党政权处于风雨飘摇之中。津秦间铁路时断时通,秦皇岛所需原材料不能按时到厂,生产受到影响,甚至日常开支所需现款也不能从银行汇拨,而是提取现钞成袋从天津运往秦皇岛,铁路不通时则租船由海路将急需物资送往秦皇岛。在这样的情况下,耀华不得不提前冷修熔窑,暂不点火,以免造成更大的损失。

1945 年,抗日战争取得全面胜利,国民党南京政府委派接收大员接管了耀华厂,耀华又成为"官商合办"。这是 1945 年至 1948 年"官商合办"时期的耀华玻璃厂厂貌(哨兵身后牌子为"行政院资源委员会合办耀华玻璃公司总厂")

1947 年耀华玻璃股份有限公司扩大资本所发行股票(若干)

第十章
解放初期的耀华玻璃厂

据时任冀东军区第十三军分区独立八团一营营长任香亭回忆说："辽沈战役结束，所在营接到命令，从昌黎晒甲坨出发，直插秦皇岛港，截断这一地区国民党军的海上退路，动员的口号是：活捉范汉杰。等到港口时，国民党军队已登上军舰，剩下的只是些伤兵和医护人员。军舰隔海炮击海岸，造成不少破坏。耀华玻璃厂也受到波及，大烟囱被削下了半截儿，部分厂房被击毁。"

1948 年 11 月 26 日，驻守秦皇岛的国民党部队，在我军夺得辽沈战役全胜、大举入关的强大压力下，如惊弓之鸟，登上十余艘舰艇，从海路逃走。耀华厂的上层人物和大部分技职人员及部分工人也离厂逃往天津。耀华已是无人管理的状况。11月 27 日，秦皇岛解放当天，工人们进厂上班时，工厂已是破烂不堪的景象：被国民党溃军焚毁的铁工厂房倒屋塌，还冒着青烟；成品库着火，部分玻璃被烧毁；材料库的门窗全部被砸开，大量生产器材被国民党溃军抢劫拉走；剩下的也大部分被破坏，卷宗满地。看到如此景象，许多工人、管理者心灰意冷，有的逃往江南、广州或台湾。天津耀华玻璃总公司总经理张训坚也去了上海。

当多数管理者弃厂而逃时，仅 32 岁的副经理张鄂联选择了留在耀华，迎接解放。2013 年的《秦皇岛日报》一版曾刊登张鄂联的生平。张鄂联是著名爱国教育家、藏书家、文献学家张寿镛之子，其岳父是著名教育家、社会活动家、孙中山与李大钊的挚友吕复。两位长者的思想与人格对张鄂联产生了极大的影响。1937 年，张寿镛致信在燕京大学读政治经济学的儿子张鄂联，他在信中写道："我是曾经沧海的人，甚不愿子弟入仕途。但汝既是学政治经济，当然在此路上走。不过要专精一些。专精谈何容易，全在学识与经验，书本上所得与经历上所得，两者必须贯串。至于经济，更是立国之本。我不愿谈政治，而恰愿谈经济。中国大病，是在贫字。货弃于地，而书生不置生产鸣高，如何不穷。汝要做官，必思以做官救一般之穷为志趣。"张鄂联由此立下"实业救国"之志。而世家子弟毕竟非比寻常，其起点自当高人一筹，张鄂联于燕京大学毕业后，赴美国考察工业管理。1945 年，刚刚回国的张鄂联出任天津耀华玻璃公司副经理。

张鄂联曾于 1935 年参加北平一二·九抗日救亡运动大游行，对共产党领导的革命有了初步认识。共产党采取了一系列安定人心的政策，社会秩序稳定，张鄂联坚信秦皇岛的解放将会带来新气象，恢复生产指日可待。

1949 年 1 月 15 日天津解放，三天后天津市军管会代表进驻耀华玻璃公司，宣布张鄂联继续担任副经理，负责公司工作。他意识到恢复生产是当务之急，在津、秦两地军代表的领导下，人民政府大力支持，耀华从天津永利碱厂借用纯碱，向开滦矿借来了存放在秦皇岛港口的煤，向银行借来贷款。万事俱备，党组织的临时管理委员会立即抢修了被国民党溃军破坏的厂房和设备，仅用三个月零七天的时间就恢复了二号窑的生产，从 1949 年 3 月 28 日到 12 月底生产出玻璃 38 万多标准箱，第一年就获利 65 万元人民币。日产水平比官商合办时期增长 70%，同时还试生产出新产品。由于产品质量优良，当年就行销香港，转口南洋。

新中国成立初期，刚刚恢复生产的耀华厂生产条件并不完备，缺少基本生产防护措施，没有固定的原料供应源地等因素制约着玻璃厂的发展，这样的情况直至"一五"计划结束才有所改观。据 80 多岁的熔制车间班长李文成回忆："1956 年'一五'计划前，大窑还没技术改造，以前的原料车间老工人或多或少都会有矽肺。'一五'计划后原料车间实现了机械化，有了矽肺防护措施，危险减轻了。"

耀华作为中国玻璃工业的重点企业，为中华人民共和国建设恢复作出了贡献。作为当时中国具有最大生产能力的玻璃生产企业，耀华扩建恢复了废弃多年的一号窑，创造了年生产平板玻璃 110 万标准箱的骄人业绩。

　　"一唱雄鸡天下白"，中华人民共和国的成立，翻开了耀华和中国玻璃工业发展史上新的一页。

1949 年 10 月 1 日，耀华厂职工欢庆中华人民共和国成立游行

第十一章
"一五"时期的耀华玻璃厂

　　新中国成立之初，冰雪方融。在这段短暂而又不平凡的国民经济恢复时期，中国开始了"一五"计划，苏联开始了对中国的经济援助，"156"工程也全面开展。随着国民经济的逐步恢复，中国逐步建立起了较为齐全的工业门类，为后续经济的发展奠定了坚实的基础。中华人民共和国国家计划委员会是国务院的重要组成部门，也是综合研究拟定经济和社会发展政策、进行总量衡量、指导总体经济改革的宏观调控部门。该部门成立于1952年，在新中国成立初期的经济发展之中具有举足轻重的地位。伴随着国家计划委员会的成立，中国的第一个五年计划轰轰烈烈地展开了。作为当时建材行业重要部门、中国最大的玻璃生产厂商，耀华厂的一号窑被列入国家"一五"计划期间限额重点建设项目。

　　新中国诞生的头几年里，在中国共产党的运筹帷幄下，各行各业一扫战争阴霾，迅速显现欣欣向荣的景象。1951年11月，在恢复国民经济的大背景下，耀华公司召开董事联席会议，决定恢复废弃18年的一号窑，该工程被列入国家"一五"计划期间694项限额重点建设项目，是中国第一座自己设计的玻璃熔窑。一号窑是耀华最早建设的玻璃熔窑。1921年10月就开始了该窑的前期建设工作。建设过程曾因直奉战争波及一度拖延。1924年8月15日竣工点火投产，熔窑共安装设备55台，年生产能力15万标准箱，铺设铁路专用线3条，长1 610米。1938年10月，日本统治时期，一号窑开始了长达18年的停产。

"一五"计划实施后，1953年9月18日至10月17日由国家重工业部建工局所属设计公司派人到厂进行勘测调查。12月8日，建工局在北京召开了一号窑扩建工程计划任务书审核工作会议。一号窑建设从1955年3月19日正式动工，计划工期9个月，建设项目有熔制车间、煤气站、原料车间、切装车间、成品库及动力系统、上下水道、运输线路等10个系统72个大项。其中熔制车间厂房扩建、熔窑砌筑、原料储料仓、吊车库、煤气站、矿山卷扬机道等项为主要工程。新的一号窑投产后，1957年实现利润479万元，是新中国成立初期的7倍。

工厂产能的提升直接刺激到生产的各个环节，首先是原料供应。据已有史料记载，耀华玻璃厂不同时期的原料供应受外界因素影响较大，如战争、国际关系、进口政策等。1924年至1926年建厂初期，耀华玻璃生产使用的硅砂主要来自山东威海卫青矶岛、朝鲜云𩽾岛、越南等地。石料产地较远，且不固定。为减少运费、扩大矿石的自给量，1927年开始使用距离较近的唐山赵各庄矿场矿石。1935年，原料硅砂中增加了白云石、氧化镁的成分，而镁石丰富的东北则成为耀华必不可少的原料产地。但1942年正值日本侵华战争期间，在日本"以战养战"的政策下，伪满洲国禁止镁石外运。百般无奈之下，耀华在原料比重上加大了白云石的用量，开始使用鸡冠山砂矿，并于1943年12月在厂内修建土窑4座，每日产熟砂岩20吨，由此鸡冠山砂矿逐渐取代赵各庄砂矿。1945年抗战胜利后，硅砂的用量增加，鸡冠山砂岩矿停止了开采。

新中国成立后，国民经济迅速恢复，原料用量再次增加。但由于玻璃原料的主要来源厦门海砂供应中断，迫使耀华另谋他路。一日，曾任驻厂军代表的陈新厂长找到化验室负责人王化平，13年的军事生涯使这个操着一口河南话的汉子说话十分直爽，厂部建议恢复对鸡冠山矿的开采，任命王化平为项目带头人。因为多年的化工工作经验，王化平感觉此事绝非易事，玻璃产品对海砂质量要求极高，而鸡冠山的砂石由于是山矿，硅含量不达标，并不能完全符合现代玻璃的生产标准，如直接使用必然造成生产事故。在厂长的支持下，研究人员经过一系列努力，终于研究出用附近鸡冠山砂岩代替厦门海砂的措施，虽然开采方式依旧延续先前的手工作业，矿物由马车拉运，但是客观上降低了成本，还解决了耀华海砂供应短缺的问题，将耀华厂从待料停工的危机中挽救出来。技术的进步对经营最直接的影响是降低生产成本，带来经济效益。当年节约价值折小米 100 万公斤，由于当年秦皇岛附近灾情严重，省下来的粮食直接接济了附近的灾民。王化平因此于 1950 年成为全国工农兵劳模代表会工业模范，受到毛主席接见。

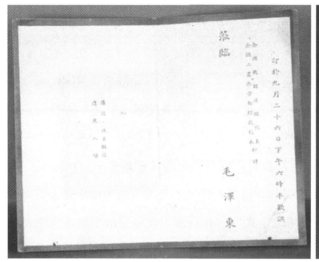

王化平全国劳模大会入场请柬　　　　　　　　王化平全国劳模大会出席证

　　1954 年 9 月，受重工业部华北勘探公司委派，一支由地质学家组成的考察队，来到距秦皇岛 85 公里的滦县雷庄火车站北侧进行勘探。1956 年 7 月，地质部再次对该地进行勘探。根据国家两次勘探情况，耀华分别向建工部和省委报告，申请在雷庄建矿。1957 年 9 月，省委批准了耀华建矿的申请。同年 12 月，建工部下达雷庄砂岩矿设计任务书，规模为年生产砂岩 10 万吨，工程预算 200 万元。工程设计由耀华厂完成，基金全部由国家投资。铁路运输专线由国家铁道部设计院承担。

　　与那个时代的绝大多数公有制工厂一样，矿厂从建设伊始几乎具备了社会所有功能。在建设生产设施的同时，雷庄矿厂建设了较为完备的生活设施，如浴室、理发室、托儿园、医务室、食堂及家属住房等。1983 年 2 月，为适应新投产的九机窑、浮法玻璃生产线和秦皇岛市玻璃厂用料的需要，决定扩建雷庄砂矿。增添了挖掘机、推土机、潜孔钻等矿山开采设备，破碎机、给料机、循环水泵房等加工设备，汽车库、加油站、仓库等运输工程相关设备，电话等通信设备，汽车修理间、采石场维修锻钎机房、仪表修理室、锻钎机、摇臂钻床、铣床、车床等机修设备，单身职工宿舍、职工住宅、医院、浴室、食堂、招待所、办公楼、托儿所等福利设施。雷庄砂矿的扩建历时 18 个月，1984 年竣工投入生产，占地 774 200 平方米，总投资 1 612.1 万元。

一位退休老工人说："扩建后的矿厂几乎具备了所有的社会功能，孩子看管、老人治病都不需出矿区。那个时候'以厂为家'的观念深入人心，大家都在这里生活、工作。我们都是矿厂的'孩子'，每当说是在矿上工作，都会感到受体制保护的安全感与发自内心的自豪。"

新中国成立初期的玻璃生产车间

雷庄砂岩矿采料场

第十二章
耀华玻璃厂的社会主义改造

一、耀华玻璃厂工人的自救运动

解放战争期间，耀华玻璃厂遭到国民党的破坏。在组织上，国民党有意搞乱工人队伍，唐山、秦皇岛一带厂矿企业 70% 以上的职工参加了"三青团""矿厂党""特区党"。有部分工人与技术人员受到国民党反动宣传影响，离开工厂跑到天津，且弃厂人员多数为中高级负责人员，现有职员人数不够分配。在生产上，铁工厂等厂房被国民党军队烧毁，大量生产器材被抢走，熔窑停产。

1948 年 11 月 26 日，驻守秦皇岛的国民党部队从海路逃走。耀华管理者和大部分技职人员逃往天津，总经理张训坚也去了上海。耀华已是无人管理的状况，在此情况下不得不提前冷修熔窑，暂不点火，以免造成更大的损失。

1948 年 11 月 27 日，秦皇岛解放当天，工厂已被国民党溃军焚毁得破烂不堪。面对困境，尚未离厂的耀华厂工人自动组织起来，抢救被国民党溃军焚烧的铁工厂。为了进一步维护秩序、保护工厂，吴云龙等老工人提出护厂号召，随即有百余人响应，组成护厂队（后来发展到 200 余人），昼夜轮流值班护厂，分头在厂区、宿舍组织巡逻，等待中国人民解放军的到来。

二、耀华玻璃厂的解放与社会主义改造

1948 年 11 月 30 日，秦皇岛军管会派军代表进驻耀华厂。1949 年 1 月 15 日，

天津解放后，天津军管会接管了天津耀华玻璃公司。根据中国共产党在解放战争过程中采取的"没收官僚资本归无产阶级领导的共和国所有"的方针，耀华原本资本中的50%官僚资本在军代表接管企业时即被政府没收。同时官股（私人资本）的合法收益受到保护，实现国家资本与民族资本的合资。

三次改组董事会。1949年7月，耀华没收官僚资本，天津军管会派出公股董事9人，与私股8人组成新的董事会。公股代表杨成担任董事长，并指派杨绍先为公股常务董事。私股代表袁心武仍为常务董事。12月末，耀华由重工业部接管，并指定华北窑业公司为耀华公股法定代理人。董事会相应进行第二次改组。由重工业部派出王文等11人为耀华公司董事、监察人。袁心武等9人仍为私股董事、监察人。袁心武继续担任私股常务董事。1951年11月，经过董事会公私双方协商进行第三次改组。参照《私营企业暂行条例》，按公私双方所持股权的比例确定公股董事10人、私股董事9人。

建立党组织，实现权利的转移。1949年5月初，经中共秦皇岛市委批准，在耀华厂建立党支部。5月底，中共秦皇岛耀华玻璃厂工作委员会建立。到1949年底，全厂有共产党员171名，占职工总数的18.2%。1951年9月，建立中共耀华玻璃厂委员会。1952年，全厂党支部发展到15个，另建立熔制党总支。1951年至1953年，工厂实行党委领导下的厂长负责制，厂内工作以党委为核心实行统一领导，党、政、工、团工作均需经党委决定，分头贯彻执行。从由使用权、收益权、处置权三权组成的财产所有权意义上讲，这时私股财产的使用权、处置权已由人民政府所掌握。私有制已发生了质的变化。

逐步削弱公司董事会职能，实现工厂独立运营。耀华党委成立后，天津董事会逐渐丧失决策核心的作用，私人资本与生产经营脱离。1950年5月，公司总事务所缩编为秘书、业务、财务三个课（科）。包销后，设在外地的推销机构全部撤销。同年，耀华成立由厂长、工委书记、工会主任、工程师和其他生产负责人代表组成的工厂管理委员会，厂长为管委会主席。1952年11月，公司将供销等经营业务划归秦皇岛工厂，撤销总事务所，成立董事会办公室。1953年"一五"计划实施后，工厂年度生产计划、财务计划、基建计划以及有关生产基建方面的重要技术事项等直接由重工业部建工局批复或审定。课（科）长、车间主任以上干部的任免调动，由工厂直接上报建工局批准。公司董事会由原来的权力决策机构逐步变为公私双方的协商议事机构。1955 年 7 月，耀华董事会成为公私双方的协商议事机构。1956 年，因实行定息，业务削减，股东会、董事会终止举行。董事会办公室只留少数人员负责股务管理和发付股息等工作，直到 1966 年撤销。

实施赎买政策，改造私有制。清产定额是对私股赎买的前提。1950 年，耀华进行清产评估。1951 年，核实资产净值额为 1 161.43 亿元，折合新币 1 191.4 万元。与此同时，公司进行了资本调整。调整后，公股占比达到 54.49%，私股 45.51%。主要原因是，在耀华股东当中，存在国民政府机关股份，鉴别后，不属民族资本，视为官僚资本被没收。1954 年，刘少奇视察耀华，询问耀华玻璃厂社会主义改造的相关情况。厂长赵衡汇报新中国成立之初，"耀华接管后，公私股各为 50%。1951年政府又没收了国民党政府机关在耀华原'商股'中的股份，公股增加了 4% 多，为 54%"。

从"四马分肥"到私股定息。新中国成立后，原董监、经理、厂长花红从职员花红中剔除，计入股息，并逐步降低股息，增加普通职工福利和奖励基金、国家税收与企业留存。1950 年，耀华按照《私营企业投资条例》规定进行分配，年度盈利扣除所得税、公积金、股息后，以 60% 拨付股息，以 15% 拨付职工福利基金及职工奖励金。1951 年 11 月 28 日，新公司章程规定："本公司于每年度股东红利 54%；董事、监察人、经理、厂长等酬劳金 6%；职工福利基金及职工奖励基金15%。" 1953 年 6 月，中央政治局扩大会议通过改造资本主义工商业的方针，将民族企业盈余分配主要概括为国家所得税、企业公积金、职工福利奖金和资方的股息红利四个部分，即"四马分肥"。1954 年 9 月，中央人民政府政务院颁布了《公私合营企业暂行条例》（以下简称《条例》），规定"股东股息红利，加上董事、经理和厂长等人的酬劳金，共可占到全年总额的 25% 左右"。依据《条例》和实际情况，1954 年耀华盈余 33.57%，上缴国家所得税后，发付股息红利占 20.63%，提取企业奖励基金占 5.43%，其余 40.37% 留作公积金。1955 年，基本比照 1954 年的比例进行了盈余分配。

据统计，1949 年至 1955 年，耀华的盈余用于国家税收部分占 31.05%，发付股东股息、红利、酬劳金占 26.19%，企业奖励金占 8%，公积金部分占 34.62%。

赎买政策与社会主义改造任务的完成。1956 年，国务院颁布了《关于在公私合营企业中推行定息办法的规定》，耀华开始实行定息制。1956 年 7 月 21 日，耀华公布通告："奉建筑材料工业部关于发放 1956 年上半年定息的通知，自 1956 年起，各企业单位，不论大小不论盈亏，均按年息五厘即 5% 发息。"定息制的本质在于，股东从发放股息红利到只取得定息，私股所代表的资产已经与企业经营过程及其收益多少没有关系，定息本质是资金的时间价值。这样所有权意义上的私股已不复存在。

三、社会主义改造对耀华玻璃厂的影响

建立了高效公平的分配制度。1936 年，厂长工资为普通工人的 20 倍。1944 年，厂长工资为普通工人的 9 倍。从 1948 年 7 月到社会主义改造完成，耀华工资高低比控制在 2.7 倍上下。1949 年 5 月，针对之前工资制度混乱的情况，耀华开展了工资调整。1951 年，实行八级工资制。1956 年，全国工资改革，重新制定了各类、各级人员的工资等级标准。职工工资改革与公司私营股份定息几乎同步。企业由资本家所有变为公私共有，公方代表居于领导地位，基层劳动者权益得到保障。资本家丧失经营管理权，私股定息。所有权意义上的私股消失。耀华实质上从公私合营企业变成了国营企业，完成了社会主义改造。

生产迅速恢复发展。一号窑是我国第一座自己设计的玻璃熔窑。1951 年 11 月，耀华扩建一号窑，该项目被列入国家"一五"计划期间的 694 项限额重点建设项目。1949—1955 年一窑生产时期，平板玻璃产量在生产设备条件没有大变化的情况下，逐年上升，1955 年达 113.2 万标准箱，比耀华历史上单窑产量最高的 1948 年产量 56.9 万标箱翻了一番，是 1948 年产量的 4.5 倍。1957 年两窑的产量、质量、出口均超额完成计划，引上率、切裁率、一级品率均达到历史较好水平，其中玻璃产量达 234.7 万标准箱，出口 48.5 万箱达历史最好水平。从劳动生产率看，社会主义改造后的耀华是新中国成立初期的 3 倍多。

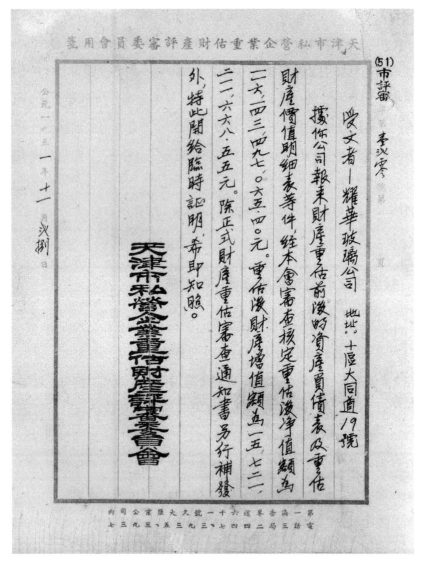

1951年11月天津市私营企业重估财产评审委员会致耀华证明（照片）
受文者——耀华玻璃公司　　地址：十区大同道19号

据你公司报来财产重估前后的资产负债表及重估财产价值明细表等件，经本会审查核定重估后净值额为 116 143 497 065.40 元（旧币）。重估后财产增值额为 15 721 211 668.55 元（旧币）。除正式财产重估审查通知书另行补发外，特此开给临时证明，希即知照。

天津市私营企业重估财产评审委员会

第十三章
百年耀华的三条发展之路

一、薪火相传之路

（一）秦皇岛市解放前

据耀华的创办人、著名实业家周学熙自传记载：1921 年"创办耀华玻璃公司。盖滦矿公司自联合后，盈余颇厚，余以为此乃华北利权……今更筹办制造玻璃厂于秦王岛（今秦皇岛），成立公司，名为'耀华'"，希冀以民族玻璃工业"光耀中华"。1922 年 3 月 17 日，耀华玻璃厂破土动工。3 月 27 日，耀华机器制造玻璃股份有限公司第一次股东会在天津召开，宣告耀华公司正式成立，从此拉开了中国玻璃工业发展的序幕。

从 1922 年建厂起，耀华工人先后三次发起爱国工人运动，反抗"三座大山"的残酷压迫和剥削。1945 年抗日战争胜利后，耀华工人三次发起怠工和反封建把头的斗争，工人顶住国民党工会和厂方的威胁，争取权益。1948 年 11 月 27 日，秦皇岛解放。耀华的铁工厂被国民党溃军放火烧毁，广大职工自动组织起来护厂。12 月，秦皇岛市军管会接管耀华。

（二）中华人民共和国成立后

1949 年 5 月，中共秦皇岛市耀华玻璃厂支部委员会成立，自此耀华有了党的组织；5 月底，秦皇岛市委组建中共秦皇岛耀华玻璃厂工作委员会；1951 年 9 月，中共耀华玻璃厂委员会（简称党委会）成立。

1949 年 6 月，成立新民主主义青年团支部，11 月成立团总支。

1949 年 9 月 1 日，召开第一届职工代表大会，选举出第一届工会委员会委员。

2016 年 6 月，凯盛科技集团工作组进驻耀华，7 月即恢复建立党委、纪委，改变了党委虚化、弱化、边缘化的局面。在秦皇岛市委、市政府和凯盛科技集团的领导和大力支持下，新一届领导班子从谋划重组工作路径、破解历史遗留难题入手，先后解决了人员的分流安置问题、剥离企业办社会、降低资产负债率、资产确权以及多年积累的涉诉案件等一系列诸多难点问题。2020 年 7 月，耀华正式加入中国建材凯盛科技集团。2021 年，企业经济效益创近 20 年最好水平，被秦皇岛市委、市政府誉为"国有企业处僵治困的典范"，再创中国建材凯盛科技集团"央企救活地方国企"的经典案例。

2021 年，耀华集团时隔 33 年再次荣获全国五一劳动奖状；所属耀技公司团总支被团中央授予全国五四红旗团总支荣誉称号；先后荣获全国建材行业先进集体、中国建材集团先进基层党组织、秦皇岛市先进基层党组织，党建"四亮、三优、双竞赛"获中国建材集团党建工作品牌提名奖，政研课题获中国建材集团首届党建政研课题二等奖，凯盛科技集团特殊贡献奖。

二、创新发展之路

1. 中国第一条机制平板玻璃连续生产线

民族资本家周学熙在 20 世纪 20 年代初，与比利时乌德米财团驻华代表进行多次谈判，达成了采用弗克法专利在中国合资兴办耀华机器制造玻璃股份有限公司的协议。1924 年 9 月 15 日公司正式投产，成为亚洲第一家采用机器连续生产玻璃的企业，从此拉开了中国玻璃工业发展的序幕。1925 年，耀华玻璃出口美国，以后又扩大到印度尼西亚、马来西亚、新加坡、菲律宾和印度等地。

2. 中国第一座自己设计和用国产设备装备起来的大型玻璃熔窑

1955 年至 1956 年，耀华对废弃 18 年之久的一号窑进行重建，一号窑是我国第一座自己设计和用国产设备装备起来的大型玻璃熔窑，列为国家"一五"计划限额重点建设项目。

3. 中国第一根机制玻璃管

1957 年 4 月 20 日，建材部批准秦皇岛耀华玻璃厂进行玻璃管试制的方案，设计和施工由耀华自行组织。1958 年 2 月 1 日，单机试验窑成功试制低碱无硼耐热厚壁玻璃管。

4. 中国第一条军用航空玻璃生产线

1965 年 9 月，我国自行设计、自行装备的第一条军用航空玻璃生产线建成投产。1965 年 12 月 25 日，生产出第一块航空防弹玻璃。

5. 中国第一座无槽垂直引上工艺玻璃熔窑

为改善垂直引上工艺产品质量，1966 年 12 月由玻璃工业设计院与耀华联合进行了无槽垂直引上工艺的研究试验，获得成功，1978 年获全国科学大会奖状。

6. 改革开放后国家建材总局第一个引进项目

1977 年，国家建材总局决定引进日本旭硝子对辊成型技术，耀华奋力争取。1980 年 12 月 8 日，第一台有槽和对辊法转换在二号窑四号引上机试行，仅用半年时间即完成改造投产。玻璃的平整度得到明显提高，特选品荣获国家银质奖。

7. 中国玻璃行业唯一一家产品质量连续 12 年行评第一

国家玻璃工业主管部门为了提高整个行业的产品质量，自 1978 年起，连续 12 年对平板玻璃企业进行产品质量抽查行评，耀华连续 12 年行评第一。

8. 中国第一片彩色平板玻璃

按照河北省下达的科研计划，耀华于 1984 年成立攻关小组，开始研制本体着色吸热玻璃。1985 年初完成中间试验，5 月在一机无槽窑形成批量生产。用大型玻璃熔窑生产出我国第一片茶色吸热玻璃，1987 年用于浮法玻璃生产线生产。

9. 中国第一片建筑用镀膜平板玻璃

为适应高级建筑幕墙玻璃和室内外装饰用玻璃的需要，从美国购进真空磁控阴极溅射镀膜玻璃技术装备，1989 年安装投产，利用浮法玻璃为底片，生产出我国第一片用于建筑的镀膜玻璃。该产品 1991 年获国家新产品奖。

10. 中国第五条浮法玻璃生产线

1986 年 10 月，耀华第一条、中国第五条浮法玻璃生产线建成投产，熔窑日熔化能力450吨。从此，耀华的平板玻璃由以"有槽引上法"为主的传统方法进入一个以"浮法"新技术为主导方向的发展新时期。

11. 中国唯一的浮法玻璃工业性试验基地

1990年9月22日，由耀华与国家建材局秦皇岛玻璃研究院联合兴建的国家浮法玻璃工业性试验基地用第十一届亚运会圣火点火投产。该生产线为我国浮法玻璃工业的发展作出了重大贡献，解决了我国浮法玻璃设计和生产中许多疑点和难点问题。在该线首次研发生产的"15毫米超厚玻璃"项目于1997年荣获国家科技进步二等奖。"日产240吨浮法玻璃工业性试验基地技术改造及产品开发"项目于1996年荣获河北省政府"省长特别奖"。

12. 中国平板玻璃第一个驰名商标

2002年2月，在耀华建厂80周年之际，国家工商管理总局认定"耀华"牌浮法玻璃为"中国驰名商标"，成为我国玻璃行业中第一个获得此殊荣的商标，填补了我国玻璃行业无全国驰名商标的空白。

13. 中国建筑玻璃首批国家免检产品

2004年1月6日，国家质量技术监督检验检疫总局在北京发布了2003年度国家免检产品及其企业名单。"耀华"牌浮法玻璃榜上有名，建筑玻璃首次列入国家免检产品申报序列，耀华首批获得免检资格。

14. 中国第一家成功生产在线Low-E玻璃的企业

2004年4月10日，耀华在北京人民大会堂举办了在线Low-E玻璃、Sun-E玻璃新产品技术发布会，标志着耀华已成功掌握了在线Low-E玻璃的生产技术，成为中国第一家成功生产在线Low-E玻璃的企业，荣获国家科技进步二等奖。

15. 援建朝鲜第一条浮法玻璃生产线

2004年7月，耀华以EPC总承包方式承担了中国政府援建朝鲜的300吨/日浮法玻璃生产线即朝鲜大安友谊玻璃厂项目，该生产线于2005年8月22日点火投产。

16. 中国第一块硼硅浮法玻璃

2006年7月26日，拥有完全自主知识产权的国内首条、世界第三条硼硅浮法玻璃生产线成功拉引出中国第一块硼硅浮法玻璃，打破了德国肖特公司的技术垄断，实现了硼硅 3.3、4.0 防火玻璃全国绝对领先。

17. 中国第一条 5 200mm 板宽"宽板等速"薄玻璃生产线

2018 年 6 月 28 日，耀技公司 560T/D 在线 Low-E 节能玻璃智能制造生产线点火投产。产品已成功进入汽车玻璃、电子玻璃和光伏玻璃市场，成为利润的突出增长点。

18. 中国第一块"耀华灰"颜色玻璃

2021 年 5 月，经过技术研发团队和生产团队的共同努力，新研发的"耀华灰"产品顺利通过 SGS 国际检测机构认证，符合欧盟 RoHS 指令 2011/65/EU 附录 II 的修正指令（EU）2015/863 的限值要求。"耀华灰"颜色玻璃实现了商业化生产，产品进入高端家电玻璃市场，标志着耀华自主创新工作又一次取得突破，填补了国内同类产品空白。

三、变革成长之路

（一）厂名的更迭

1. 耀华机器制造玻璃股份有限公司（1921 年 12 月—1944 年 8 月）

1921 年 12 月 22 日，中方以李伯芝等为代表，比方以秦皇岛玻璃公司毛立司·罗遮等为代表，双方签订《华洋合股合同》，创办公司，定名为"耀华机器制造玻璃股份有限公司"。1922 年 3 月 27 日，在天津召开第一次股东会，宣告公司正式成立。

2. 耀华玻璃股份有限公司（1944 年 8 月—1955 年 4 月）

1944 年 5 月 2 日，耀华玻璃公司第二十二次股东临时会议提出"本公司名称过长，拟趁此机会将章程第一条中之'机器制造'四字取消，以期简便"。会上一致表决通过取消"机器制造"四字。

3. 公私合营秦皇岛耀华玻璃厂（1955 年 4 月—1966 年 10 月）

1949 年 1 月 15 日，天津解放，耀华的"官股"作为官僚资本被人民政府接管没收，"商股"属于民族资本，合法权益受到保护，耀华开始进入了公私合营阶段。虽然实质开始进入了公私合营阶段，但在名称的变化上，最终是在 1954 年政务院通过的《公私合营工业企业暂行条例》框架下确定的新章程中得以确立，《公私合营耀华玻璃股份有限公司章程》总则第二条对企业名称规定，"本公司为公私合营之工业企业，定名为公私合营耀华玻璃股份有限公司，简称公私合营耀华玻璃公司"。秦皇岛工厂遂为"公私合营秦皇岛耀华玻璃厂"。

4. 秦皇岛玻璃厂（1966年10月—1977年6月）

5. 秦皇岛耀华玻璃厂（1977年6月—1988年3月）

1977年6月16日，经河北省建委批准，耀华由秦皇岛玻璃厂改为秦皇岛耀华玻璃厂。

1981年5月1日，秦皇岛耀华玻璃厂、秦皇岛玻璃纤维厂、秦皇岛工业技术玻璃厂联合组建中国耀华玻璃公司。1984年7月，耀华公司与耀华玻璃厂合并为一套机构。

6. 秦皇岛耀华玻璃总厂（1988年3月—1994年4月）

总厂下设四厂、一矿，即秦皇岛耀华玻璃一厂、秦皇岛耀华玻璃二厂、秦皇岛耀华工业技术玻璃厂、秦皇岛耀华玻璃钢厂、秦皇岛耀华玻璃总厂雷庄砂岩矿。

7. 中国耀华玻璃集团公司（1994年4月—2011年6月）

2000年6月16日，举行秦皇岛北方玻璃集团有限公司并入仪式。

8. 中国耀华玻璃集团有限公司（2011年6月至今）

（二）管理关系的变更

1. 新中国成立前

耀华历经中比合办、中日合办、官商合办三个时期。1921年12月22日，中比双方签订《华洋合股合同》，中比股份各50％。1936年9月，日本旭硝子株式会社购耀华比方全部股份，由初创时的中比合办变为中日合办。1945年9月，抗日战争胜利后，日方股权由国民党政府接收，由中日合办变为官商合办。1949年1月15日，天津解放。人民政府没收了官僚资本，对民族资本实行保护政策，耀华成为公私合营企业。1949年9月1日，耀华划归重工业部华北窑业公司领导。

2. 新中国成立后

1950年12月29日，耀华划归重工业部基本建设局筹备组（1952年12月，改为重工业部建筑材料工业管理局）领导。

1969 年 1 月，耀华由建筑材料工业部下放划归河北省领导。

3. 改革开放后

1985 年 3 月，耀华玻璃厂由河北省划归秦皇岛市领导。

1996 年 12 月 10 日，河北省体改委、计委、经贸委、国资局联合批复耀华集团公司改制为国有独资公司。

2004 年 7 月 2 日，耀华集团领导班子及干部管理权限正式由河北省属地管理划归为秦皇岛市属地管理。

（三）股权的变更

1. 1921 年 12 月 22 日，中比双方签订《华洋合股合同》，创办公司，定名为"耀华机器制造玻璃股份有限公司"，资本 120 万银圆，中比股份各 50%，共 12 000 股。

2. 1923 年，增资 50 万银圆，资本 170 万银圆，中比股份各 50%。

3. 1925 年，再增资 80 万银圆，资本 250 万银圆，中比股份各 50%。

4. 1936 年 9 月，日本旭硝子株式会社购耀华比方全部股份，耀华由此变为中日合办。

5. 1944 年，公司资本由 250 万元增至 1 000 万元，共 10 万股。

6. 1945 年 9 月，抗日战争胜利后，日方股权由国民党政府接收，由中日合办变为官商合办。

7. 1946 年 5 月，公司资本由 1 000 万元增至 2 亿元（法币），共 200 万股。

8. 1947 年 8 月，公司资本由 2 亿元增至 100 亿元（法币），共 1 亿股。

9. 1949 年 1 月 15 日，天津解放。人民政府没收了官僚资本，对民族资本实行保护政策，耀华成为公私合营企业。

10. 1966 年 10 月，耀华由公私合营改为全民所有制企业。

11. 1996 年 6 月 17 日，"耀华玻璃"A 股股票 4 050 万股公开向社会发行。6 月 19 日，秦皇岛耀华玻璃股份有限公司社会公股和内部职工股的发行工作全部完成，募集的资金 2.8 亿元全部到位。7 月 2 日，"耀华玻璃"股票在上海证券交易所正式挂牌交易。2002 年 9 月 4 日，经中国证监会发行字〔2002〕30 号文批准，秦皇岛耀华玻璃股份有限公司采取网上、网下累计设标询价方式成功增发 A 股股票 2 430 万股，发行价格为 7.3 元，募集资金 1.77 亿元。2008 年 12 月 24 日，秦皇岛耀华玻璃股份有限公司召开 2008 年第二次临时股东大会，大会审议并通过了秦皇岛耀华玻璃股份公司与江苏凤凰传媒集团有限公司重组方案，中国耀华玻璃集团公司向江苏凤凰出版传媒集团有限公司转让所持耀华上市公司全部股份的同时，通过资产置换暨非公开发行股票购买江苏凤凰置业有限公司股权，将凤凰置业 100% 股权注入公司。

12. 1996 年 12 月 10 日，河北省体改委、计委、经贸委、国资局联合批复耀华集团公司改制为国有独资公司，并实现授权经营。

13. 2011 年 6 月 27 日，中国耀华玻璃集团公司正式更名注册为"中国耀华玻璃集团有限公司"，成为一家由弘毅投资在耀华集团、北方集团基础上改制重组建立的新型现代化公司，其中，弘毅投资及其关联公司持股 70%，秦皇岛市国资委持股 30%。公司注册资本 9.1 亿元，总资产 43.8 亿元。公司重组整合后，拥有全资及控股的公司，包括耀华工业园有限公司、秦皇岛弘耀节能玻璃有限公司、秦皇岛弘华特种玻璃有限公司、北方华晶公司、北方华州公司、沈阳耀华玻璃有限责任公司、湖南耀华冷水江耐火材料有限公司、中国耀华（香港）公司和自有矿山耀华雷庄矿等；参股公司包括河北耀华福裕玻璃有限公司、武汉耀华安全玻璃有限公司、耀华玻璃机械制造公司、耀华玻璃钢股份公司、耀华工业技术玻璃公司、长城玻璃公司。

14. 2016 年 5 月 26 日，中国建材集团与秦皇岛市政府签订全面战略合作框架协议。2020 年 6 月 30 日，秦皇岛市国资委与凯盛科技集团签订了股权交接协议，标志着历时 4 年的重组工作完成，耀华集团正式加入中国建材凯盛科技集团。

第十四章
1922—2022 百年耀华回眸

2022 年 3 月 27 日，被誉为"中国玻璃工业的摇篮"的耀华玻璃厂迎来百岁生日。1922 年，耀华建厂，成为远东第一家采用机器连续生产平板玻璃的企业，填补了中国民族玻璃工业的空白，从此揭开了中国玻璃工业发展史的崭新篇章。《中国建材》杂志特别梳理了耀华百年发展大事记，让我们一起穿越百年时光，回顾那段难以忘怀的峥嵘岁月。

1922 年前

○ 1903 年，比利时人埃米尔·弗克发明的机器连续制造平板玻璃技术——"弗克法"（有槽垂直引上法）专利立案。

○ 1907 年，滦州矿务公司成立，周学熙任董事长，1912 年与英办开平矿务公司联合经营，组成开滦矿务总局，在天津设总局，在秦皇岛设经理处。

○ 1914 年，世界上第一座采用"弗克法"生产玻璃的工厂在比利时建成投产。

○ 1920 年，比利时乌德米财团取得"弗克法"在中国制造玻璃的专利权，成立秦皇岛玻璃公司。

○ 1921 年 8 月，周学熙等人与秦皇岛玻璃公司代表瓦尔德·那森进行磋商，达成中比合办玻璃公司协议。12 月 22 日，中方以李伯芝等为代表，比方以秦皇岛玻璃公司毛立司·罗遮等为代表，双方签订《华洋合股合同》，创办公司，定名为"耀华机器制造玻璃股份有限公司"，资本 120 万银圆，中比股份各 50%，共 12 000 股。筹备期间，议定在秦皇岛建厂，在天津设公司。

1922—1948

○ 1922 年 3 月 17 日，工厂在秦皇岛正式破土动工。27 日，在天津召开第一次股东会，宣告公司正式成立，选出董事及监察人。总董（即董事长）为中方李伯芝，协董（即副董事长）为比方瓦尔德·那森（开滦总经理）。8 月 14 日，公司聘用比利时人奥利弗·古柏（参与发明改进弗克法的埃米尔·古柏家族成员）为工厂总工程师（即厂长）。12 月 13 日，中华民国政府农商部颁发耀华公司注册执照。

○ 1923 年 6 月，原清华学校校长、工厂副工程师金邦正带领 7 名工匠赴比利时丹瑞米工厂学习制造玻璃技术（1924 年 5 月回国）。这一年，公司资本由 120 万银圆增至 170 万银圆，共 17 000 股。

○ 1924 年 4 月，经向中华民国政府商标局注册，耀华玻璃使用"阿弥陀佛"牌商标。5 月，公司签订委托开滦矿务局代管合同。8 月，一号窑建成投产（8 月 15 日点火，9 月 15 日生产出玻璃）。

○ 1925 年 3 月，公司资本增至 250 万银圆，共 25 000 股。10 月，产品商标由"阿弥陀佛"牌改为"双套金刚钻"牌。这一年，生产玻璃 16 万标准箱，除行销国内各地外，开始出口业务。

○ 1926 年，窑炉耐火材料铝砖由进口改由唐山马家沟耐火材料厂供应。

1927 年，开始用我国永利碱厂的纯碱代替部分进口纯碱。

1928 年 5 月，首次安装强力离心式风机向玻璃熔窑窑墙吹送冷风，延长熔窑使用期。

1929 年，日本旭硝子株式会社采用"弗克法"生产后，耀华玻璃在日本市场受到排挤，退出日本市场。

1930 年，派人赴比利时学习修理钻石切刀技术，从此由过去分批送比利时修理切刀改为本厂自修。

1931 年 4 月，二号窑动工兴建。6 月，发放 1930 年股息，年息 8 厘，股息总额 20 万元，此为公司成立以来第一次发股息。这一年，一号窑生产水平逐步提高，本年达 27.3 万标准箱。

1932 年 6 月，发放 1931 年股息、红利。年息 8 厘，红利 1.253 6 分，股息红利总额为 51.3 万元。此为公司成立以来第一次发红利。

1933 年 1 月，二号窑建成投产，年生产能力为 20 万标准箱，投产当年产玻璃 26.6 万标准箱。这一年，耀华玻璃在南京举行的第二次全国铁路沿线生产货品展览会上获超等奖；在天津由河北省举办的国内产品第五次展览会上获特等奖。这一年，年产玻璃 36.9 万标准箱，当年利润创最高纪录达 59.2 万元，资金利润率为 23.7%。

1934 年，从国外购进蓄电池一套，作为引上机备用电源，解决停电影响生产问题。

1935 年 7 月，工厂派切裁工人去新加坡解决切裁厚玻璃容易破裂问题，并传授切裁技术，此为售后服务工作的开端。

1936 年 9 月，日本旭硝子株式会社购耀华比方全部股份。耀华遂由中比合办变为中日合办。12 月，生产磨砂玻璃，班产 6 标准箱。

1937 年 9 月，二号窑停产，按日本人改进的"弗克法"对窑炉进行技术改造。

1938 年 10 月，一号窑停产（以后废弃未用）。这一年，耀华与大连昌光玻璃公司达成协议，昌光将华北市场让与耀华，作为交换条件，耀华将济南市场让与昌光。

1939 年 4 月，二号窑经技术改造，竣工投产。

1940 年 12 月，公司与日本三菱株式会社签订协议，三菱为耀华玻璃在华北地区的包销人。这一年，二号窑年产达 56.9 万标准箱，比改造前产量翻一番。

1941 年 2 月，公司与日本三菱株式会社代表签订协议，三菱为耀华玻璃在上海地区（包括江、浙、湘、鄂、闽）的唯一销售代理人。12 月，太平洋战争爆发后，公司业务由开滦代管的关系结束。这一年，公司为在上海建厂，于吴淞区租赁土地。

1942 年 1 月，公司经营业务自营后，恢复天津公司总事务所。这一年，耀华玻璃出口业务中断。

1944 年 8 月，公司名称由"耀华机器制造玻璃股份有限公司"改为"耀华玻璃股份有限公司"。

1945 年 9 月，抗日战争胜利后，日方股权由国民党政府接收。公司遂由中日合办变为官商合办。这一年，公司资本由 250 万元增至 1 000 万元，共 10 万股。

1946 年 5 月，公司改组董事会，并修改公司章程。公司资本由 1 000 万元增至 2 亿元（法币），共 200 万股。9 月，二号窑停产冷修，首次由中国工程技术人员负责技术工作。

1947 年 8 月，公司资本由 2 亿元增至 100 亿元（法币）。原 1 股增为 50 股，其中因重估增值加 35 股，现金增资加 14 股，共 1 亿股。这一年，上海两机平板玻璃窑开始动工。这一年，耀华玻璃获国民党政府经济部、农林部、资源委员会奖状；2 毫米、3 毫米玻璃及磨砂玻璃获优等奖；5 毫米、6 毫米玻璃获最优等奖。

1948 年 11 月 27 日，秦皇岛解放。耀华厂的铁工厂被国民党溃军放火烧毁，广大职工自动组织起来护厂。

1949—1962

1949 年 1 月 15 日，天津解放。人民政府没收了官僚资本（官股），对民族资本（商股）实行保护政策，耀华遂成为公私合营企业。3 月 3 日，二号窑点火投产，28 日开始生产玻璃，日产水平比官商合办时期提高 70%。5 月，中共秦皇岛市耀华玻璃厂支部委员会成立，月底，市委组建中共秦皇岛耀华玻璃厂工作委员会。7 月 29 日，公司组成公私合营后新的董事会。8 月，根据市场需求，试生产出一批 1 毫米的薄玻璃（后因破损多和设备不适应停止试生产）。9 月 1 日，公司划归重工业部华北窑业公司领导。10 月 1 日，贯彻政府有关规定，耀华"双套金刚钻"商标图案中，取消了"YH"两个英文字母。

1950 年 3 月 28 日，重工业部经理司司长王文任公司董事长，并由重工业部派了董事及监察人。12 月 29 日，耀华划归重工业部基本建设局筹备组领导。这一年，二号窑冷修时结合进行技术改造，装置螺旋式投料机代替人工投料。

1951 年 5 月，重工业部基建局筹备组组长杨思九任公司董事长。9 月，中共耀华玻璃厂委员会（简称党委会）成立。原工委随即撤销。10 月，公司、工厂在支援抗美援朝运动中，捐献款项折合飞机 3 架。11 月，工厂工资改革，实行八级工资制。工资计算单位由小米改为工资分；28 日，公司召开 1949 年后第一次股东大会。12 月，耀华玻璃产品参加了在印度孟买举行的国际工业博览会。这一年，经审查核实，公司重估财产净值额为 1 161.43 亿元（折新人民币 1 161.43 万元）。资本总额增至 800 万元，共 8 亿股；年产量达 70.9 万标准箱，比历史最高年份提高 25%。

1952 年 2 月，玻璃原板出现"气泡"，工厂写信向毛主席汇报。不久，经重工业部聘请在大连玻璃厂工作的苏联专家沙峰诺夫到厂，帮助解决玻璃"气泡"等生产技术问题。3 月 5 日，上海耀华厂两机平板玻璃熔窑点火投产。7 月，秦皇岛工厂实行独立经营。12 月，重工业部基建局筹备组改为重工业部建筑材料工业管理局，耀华仍受其领导。这一年，在国家经济建设开始之际，公司、工厂向国家机关、设计研究等单位输送技术、管理干部 50 多名。

1954 年 5 月，派出周振明等 8 人（工程师和技术工人）去朝鲜南埔玻璃厂帮助恢复战后生产，受到金日成的亲切接见。这一年，通过与外贸部中国杂品出口总公司天津分公司签订玻璃出口合同，耀华玻璃恢复出口。当年出口量为 8.47 万标准箱，以后逐年增加，远销 60 多个国家、地区。

1955 年 3 月，被废弃多年的一号窑经前期工作后开始动工改建，该工程被列入国民经济建设"一五"计划的改建工程。这一年，生产平板玻璃 113.3 万标准箱。

1956 年 7 月 15 日，一号窑施工建设历时 16 个月，竣工投产。原料系统进行彻底改造，实现了机械化生产。这一年，二号窑投料设备由螺旋式投料机改为薄层投料的辈式投料机；平板玻璃改由国家物资部统一分配。这一年，耀华厂进行工资改革，由工资分改为货币，职工工资收入比 1949 年提高了 38.3%。

1957 年 4 月 4 日至 6 日，召开第一届党员代表大会。学习贯彻中央指示，改"一长制"为党委领导下的厂长负责制。8 月，用于研究试制新产品、新品种的单机试验窑动工兴建。这一年，两窑全年生产平板玻璃 234.7 万标准箱，其中出口 48.5 万标准箱，实现利润 479.5 万元。

1958 年 2 月，单机试验窑建成，并在该窑试制成功低碱无硼耐热厚壁玻璃管。10 月，首次成立民兵组织，组建起耀华民兵师。这一年，为适应全国玻璃工业发展，耀华为太原、九江、宿迁、许昌、昆明、南宁、厦门、新疆等兄弟厂培训技术工人近 300 名。

1959 年，一号、二号熔窑年产玻璃 279.4 万标准箱，产量创历史最高纪录。

1960 年 5 月，日产 10 吨的一号玻璃球窑建成投产，交替生产无碱、中碱玻璃球。这一年，投资 1 700 万元在西厂区建设年产 4 万吨规模的玻璃管窑工程。其中三号管件窑、四号拉管窑先后简易投产后于 10 月停产，整个玻璃管工程在国家压缩基建中"下马"停建。

1962 年 10 月，成立二五五车间，研究和试制玻璃钢军工产品。这一年，在二号平板玻璃窑采取穿大水管代替挡砖的措施，后又在二号平板玻璃窑采用，解决了因挡砖被侵蚀影响玻璃质量的问题。这一年，在国民经济调整期间，撤销 1958年设立的分厂，精简下放科级干部 60 余人。

1963—1977

1963年8月，实行建筑材料企业工资制，进行职工调资工作，升级面40%。这一年，生产恢复正常，平板玻璃年产量达到227.9万标准箱。企业经济状况好转，转亏为盈，本年盈利243.6万元。

1964年，熔窑池壁热修顶换铁砖技术获得成功，获建工部技术革新奖。这一年，横、竖三刀切桌试验成功，并逐步推广。

1965年4月，玻璃纤维车间从耀华划出，成立"秦皇岛玻璃纤维厂"。9月30日，二号中碱玻璃球窑建成投产，设计能力为日产10吨。12月，以生产各种航空、安全玻璃为主的一五六车间建成投产。

1966年2月，一五六车间、玻璃管车间、二五五车间从耀华划出，成立"秦皇岛工业技术玻璃厂"。10月，耀华由公私合营改为全民所有制企业。企业名称由"公私合营秦皇岛耀华玻璃厂"改为"秦皇岛玻璃厂"。这一年，国内无槽垂直引上法生产工艺首先在耀华厂试验窑试验成功，此后在太原、上海等玻璃厂相继采用，该项成果获得1978年全国科技大会奖状。这一年，二号平板玻璃窑生产周期由1962年到1966年窑龄达40个月，创本厂窑龄最高纪录。

1969年1月，耀华厂由建筑材料工业部下放划归河北省领导。这一年，三号玻璃管件窑改为单机垂直拉管窑后点火投产，日产玻璃管10吨；平板玻璃生产有所恢复，当年产量为251.4万标准箱。

1970年8月，派技术人员赴阿尔巴尼亚卡瓦亚玻璃厂进行援助，1972年1月回国（1972年12月又派4人参加该厂冷修）。

1971年7月，柬埔寨民族团结政府首相宾努亲王偕夫人等一行到厂参观。8月，国际主义战士马海德偕夫人到厂参观；老挝爱国战线党副主席库玛丹偕夫人到厂参观；新西兰作家协会负责人路易·艾黎一行到厂参观。这一年，研究试制单晶硅、显像管等新产品，耗资近百万元后停止试制。

1972 年 9 月，恢复党委会。这一年，工业技术玻璃厂的玻璃钢球阀、管道、过滤板、游艇等民用新产品相继投产。

1973 年，开始在玻璃熔窑池壁部位采用国产锆钢玉砖，后在窑内高温易损部位也逐步采用。

1974 年，工业技术玻璃厂研究成功机车电加温玻璃。这一年，输送玻璃原片的悬挂式输送机试验成功并于 6 月在一号平板玻璃窑使用，与之配套的切片改为套车切桌；采片改用真空吸盘掰板机，原片随动切割机试验成功。

1975 年三季度，二号平板玻璃窑进行技术改造，改烧煤为烧重油，窑体加宽。

1976 年三至四季度，一号平板玻璃窑也进行类似改造，一号、二号窑技术改造投资总额 684.8 万元。这一年，二号平板玻璃窑试验玻璃液鼓泡器取得效果后逐步推广应用；熔窑采用铂探针液面自动控制仪。1976 年 7 月 28 日凌晨 3 点 42 分，唐山地区发生强烈地震，波及秦皇岛。后由于余震不断，一号、二号平板玻璃窑及球窑于 7 月 30 日放玻璃水停产。靠近唐山地区的雷庄矿受灾严重，家属宿舍全部倒塌。震后，工厂立即组织 46 人抢险队和 12 人医疗队赴唐山灾区抢险救灾。这一年，开始生产钢化玻璃，年生产能力为 13 万平方米。

1977 年 6 月 16 日，经河北省建委批准，企业名称由"秦皇岛玻璃厂"改为"秦皇岛耀华玻璃厂"。这一年，灌浆法夹层玻璃开始生产；一号、二号窑经过两年技术改造，平板玻璃年产量达到 332.4 万标准箱，比改造前的 1975 年生产能力提高 33%。

1978—1987

○ 1978 年 9 月，贯彻全国"质量月"广播大会精神，全厂开展质量创优活动。平板玻璃在全国玻璃行业质量检查评比中获第一名。

○ 1979 年 12 月 28 日，压延玻璃生产线建成投产，生产能力为年产压花玻璃 468 万平方米。这一年，生产的普通平板玻璃获河北省优质产品奖。

○ 1980 年 9 月，二号平板玻璃窑由日本旭硝子株式会社引进"旭法"技术设备，在冷修期间开始安装。这一年，在 1979 年试制投产的"七九"式冲锋舟获国家建材局科技成果三等奖；工业技术玻璃厂热弯钢化玻璃生产线投产。

○ 1981 年 5 月 1 日，秦皇岛耀华玻璃厂、秦皇岛玻璃纤维厂、秦皇岛工业技术玻璃厂联合组建"中国耀华玻璃公司"。这一年，生产的普通平板玻璃获国家建材局优质产品奖；二号窑采用"旭法"后，平板玻璃质量有所提高，当年生产特选品 29.2 万标准箱。

○ 1982 年 7 月 1 日，年产 150 万标准箱的九机平板玻璃窑动工兴建，此项目被列为"六五"计划期间国家重点工程。这一年，工业技术玻璃厂开始生产中空玻璃。

○ 1983 年春季，工业技术玻璃厂制镜车间投入生产。8 月，二号平板玻璃窑原料系统引进电子秤自动配料线，后一号平板玻璃窑原料系统也进行了此项改造。8 月 14 日，耀华被列为 1982 年全国工交系统提高经济效益显著的 64 个单位之一，受到国家经委通报表扬。这一年，工业技术玻璃厂化学钢化玻璃投产。

1984 年 4 月，压延玻璃窑冷修并进行改造，生产能力提高 20%。8 月，二号球窑扩建，年生产能力达 9 000 吨，比改造前提高 80%。9 月，耀华平板玻璃特选品获国家银质奖。10 月 1 日，国家重点工程之一、年生产能力为 225 万重量箱的浮法玻璃生产线破土动工。10 月 10 日，历时 28 个月兴建的九机平板玻璃窑竣工点火投产。这一年，自行设计和制造的玻璃液水平搅拌器在单机无槽窑试用，后相继在一号窑、二号窑、新建的九机平板玻璃窑和浮法生产线推广使用；与新建的九机平板玻璃窑和浮法生产线配套的雷庄砂岩矿扩建工程基本完成，年生产砂岩能力由 10 万吨增加到 22 万吨。这一年，玻璃钢分厂生产的五四二〇游艇获国家金龙奖。

1985 年 5 月，本体着色的茶色玻璃在单机无槽窑投入试生产。9 月 8 日，向印度尼西亚出口单机无槽垂直引上窑全套生产技术与设备，并承担了设备安装、投产等技术服务项目。这一年，工厂获国家节能银牌奖，中碱玻璃球被评为省优质产品；工厂被全总和国家体委命名为"全国体育工作先进单位"。

1986 年 1 月，压花玻璃打入国际市场，在巴基斯坦、斯里兰卡销售 9 万平方米。10 月 7 日，1984 年动工兴建的浮法生产线点火试生产。这一年，与秦皇岛玻璃研究院、秦皇岛玻璃设计院、上海玻璃机器制造厂、中国建筑材料及设备进出口总公司组建"耀华玻璃技术开发集团"。这一年，工厂被国家经委命名为全国企业整顿先进单位，并获国家"六五"计划期间技术进步全优奖；压花玻璃、防弹玻璃、"歼教 -6"军工玻璃被评为省优质产品，"运 -8"电加温玻璃被评为部优质产品；厂团委被团中央命名为"国家重点建设青年突击工程优胜单位"。这一年，培育发扬耀华精神活动开展，在生产建设中经过几十年锤炼发展起来的耀华精神总结概括为"艰苦奋斗，严守纪律，能打硬仗，锐意进取"。

1987 年 2 月 4 日，浮法玻璃生产线首次生产茶色吸热玻璃。10 月，由奥地利引进的年产能力为 10 万平方米的中空玻璃生产线和由芬兰引进的年产能力为 50

万平方米的大型水平钢化玻璃生产线相继投产。这一年，钢化玻璃第三次行评第一名，浮法玻璃、吸热玻璃被评为省优质产品；生产的茶色玻璃家具在全国平板玻璃新技术推广应用交流评比会上获一等开发奖；耀华厂被国家建材局命名为"全国建材行业红旗企业"，被中宣部、国家经委、全总命名为"全国职工思想政治工作优秀企业"，被国家经委评为"全国设备管理先进单位"，被中国企协表彰为"企业管理优秀奖单位"，被全总授予五一劳动奖状。

1988—1995

1988 年 3 月 30 日，秦皇岛耀华玻璃厂更名为秦皇岛耀华玻璃总厂。5 月 16 日，秦皇岛耀华玻璃集团经工商部门注册登记正式宣布成立，成员有：秦皇岛耀华玻璃总厂、上海玻璃机械厂、国家建材局秦皇岛玻璃设计院、国家建材局秦皇岛玻璃研究院、中国建筑材料及设备进出口总公司。11 月 5 日，耀华浮法工程通过国家级验收合格。11 月 10 日，真空磁控溅射镀膜玻璃生产线建成投入生产。这一年，耀华工业技术玻璃厂引进的水平钢化玻璃生产线、中空玻璃生产线和耀华玻璃钢厂引进的玻璃钢波型瓦、型材、树脂三条生产线及喷射成型设备相继投入生产；耀华玻璃总厂荣获国家经委颁发的"国家技术开发优秀成果奖"，经国家有关部门考核被列入全国经济效益高的 500 家大型企业之一。

1989 年 1 月 1 日，秦皇岛耀华玻璃总厂正式开展直接对外出口经营业务。4 月 15 日，国家"七五"重点科研攻关项目"湿法棒磨砂岩生产线工程"在耀华雷庄砂岩矿动工兴建，设计能力为年产优质砂岩粉料 10 万吨。同月，国务委员、外交部部长钱其琛到厂视察。10 月 6 日，国家建材局局长王燕谋与河北省副省长宋叔华、省建材局副局长冯治威等领导共同商定：秦皇岛耀华玻璃总厂、国家建材局秦皇岛玻璃研究院、国家建材局秦皇岛玻璃工业设计院在集团内部结成紧密关系，成立由七人组成的核心领导小组并立即开展工作，使用"中国耀华玻璃公司"名称。

1990 年 3 月，生产的浮法玻璃、中碱玻璃球首次获全国行评第一名；普通平板玻璃第十二次获全国行评第一名。4 月，浮法玻璃工业性试验基地正式成立。7月 31 日，耀华工业技术厂 ITO 导电膜玻璃通过河北省经委、国家建材局组织的新产品鉴定。9 月 22 日，由耀华玻璃总厂与国家建材局秦皇岛玻璃研究院合资建设的国家浮法玻璃工业性试验基地建成，用"亚运"圣火点火投产。10 月 13 日，浮法玻璃工业性试验基地浮法玻璃生产线一次引板成功，24 日拉引出 5mm 浮法玻璃。11 月 6 日，耀华设计所设计的 450t/d 浮法玻璃生产线获河北省建委颁发的优秀工程设计一等奖；耀华玻璃钢厂阴燃透明型玻璃钢波纹（平）板获国家建材局颁发的优质产品奖；真空磁控溅射镀膜玻璃、ITO 导电膜玻璃获省优秀新产品一等奖。

1991 年 2 月，国家"七五"重点科技攻关项目"500t/d 浮法玻璃生产线成套技术开发"在耀华玻璃总厂通过国家验收。随后承担的国家"七五"攻关项目"尖子法熔窑结构改进提高"通过部级技术鉴定。7 月 9—11 日，浮法玻璃工业性试验基地试拉引 2mm 特薄浮法玻璃成功；同月，耀华玻璃总厂等单位共同承担的"500t/d 浮法玻璃生产线成套技术开发"项目获国家"七五"科技攻关重大成果奖；同月，熔窑耐火材料国产化及全保温试验取得成功，并通过国家建材局平板玻璃热工测定中心测定，此成果在全国同等规模的玻璃窑中属首创。12 月，经国务院批准，以耀华厂为核心企业的耀华玻璃集团被列为国家首批 55 家试点企业集团之一。这一年，耀华镀膜玻璃厂生产的镀膜玻璃获国家级新产品奖、省新产品奖；耀华浮法玻璃生产线获国家优质工程一等奖。

1992 年 3 月 31 日，我国自行设计研制的"浮法玻璃缺陷在线自动检测装置"经在浮法玻璃生产线上试调运行后，通过国家建材局组织的专家鉴定，研制使用这种装置，使我国浮法玻璃质量在线控制达到国际水平。6 月 28 日，耀华玻璃总厂连续五年获"全国思想政治工作优秀企业"称号。7 月，耀华玻璃总厂被国务院批准为国家大一型企业。8 月 5 日，玻璃工业性试验基地正式通过国家验收。

10月26日，国家计划委员会批准中国耀华玻璃集团为计划单列集团。这一年，耀华玻璃总厂在中国企业知名度调查评价中获中国知名企业"企业百花奖"。

1993年11月16日，中国耀华玻璃公司与德国格伦策巴赫公司在北京人民大会堂签署耀华拟新建500吨浮法线引进部分冷端设备的意向书并换文，12月22日，双方正式签订订货合同。11月19日，浮法玻璃试验基地研制开发的"在线热喷粉末发热反射玻璃"试拉成功并达到一级品要求，填补了国内此类项目的空白。

1994年2月，中国耀华玻璃集团与印度洽威尼玻璃有限公司签订的200t/d浮法玻璃生产线技术设备输出合同正式生效，这是耀华集团第一次向国外输出浮法技术。4月1日，耀华玻璃总厂更名为中国耀华玻璃集团公司（以下简称"耀华玻璃集团"）。

1995年8月1日，试验基地试生产15mm超厚浮法玻璃成功，填补了我国超厚玻璃生产的空白。8月21日，在第50届国际统计大会上耀华玻璃集团被授予"中国玻璃生产之王"称号。11月，在国家经贸委、国家统计局运用新的综合评价指标体系排出的"中国工业企业最优500家"中，耀华玻璃集团名列第35位，居全国建材行业榜首。12月26日，耀华玻璃集团被国家确定为特大型企业。

1996—2008

1996年3月8日，500t/d浮法玻璃示范线一次点火成功，4月28日示范线一次引板成功，5天后生产出全板一等品浮法玻璃。7月2日，"耀华玻璃"股票在上海证券交易所正式挂牌交易。12月10日，河北省体改委、计委、经贸委、国资局联合批复耀华玻璃集团改制为国有独资公司，并实现授权经营。这一年，耀华玻璃集团党委获"全国先进基层党组织"称号。

1997 年 4 月 1 日，经国家外贸部批准建立的中国耀华（香港）有限公司正式挂牌营业。5 月，秦皇岛耀华玻璃股份有限公司（以下简称"股份公司"）进行资产重组。12 月 26 日，13mm ～ 15mm 超厚浮法玻璃项目获国家科委授予的科技进步奖二等奖。这一年，耀华技术中心被确定为国家级技术中心。

1998 年 1 月，由耀华玻璃集团和国家建材局秦皇岛浮法玻璃工业性试验基地承担的河北省"八五"期间重大科技攻关项目"13mm ～ 15mm 超厚浮法玻璃"获国家科学技术进步奖二等奖。3 月 18 日，耀华一厂首次试生产厚 1.5mm、宽 2.8m 的超薄玻璃引板成功。

1999 年 1 月，"耀华"牌浮法白玻被中国企业管理协会、中国企业家协会、中国企业报社、企业管理杂志社评为"改革开放二十年最具影响力著名品牌"，并得到中国建筑材料工业协会颁发的推广产品证书。11 月 13 日，进出口公司自 1989 年获得自营进出口权后，首次依靠自己力量整船出口散件玻璃，并顺利发往韩国。

2000 年 6 月 16 日，秦皇岛北方玻璃集团有限公司（以下简称"北方集团"）并入耀华玻璃集团。8 月 10 日，日熔化量 350 吨的浮法生产线即"九改浮"工程顺利揭牌；同月，耀华玻璃集团被国家技术监督局授予"2000 年全国质量管理先进企业"称号，股份公司获省政府颁发的"河北省质量管理奖"。10 月，耀华玻璃集团工会被全国总工会授予"全国模范职工之家"称号；玻璃钢厂七九式班用冲锋舟获得总装备部颁发的军队科技进步奖二等奖。11 月 28 日，耀华一厂一号球窑实施技改转产的高硼硅玻璃管项目正式竣工并点火试生产。

2001 年 5 月 18 日，耀华特玻公司正式成立。7 月 13 日，耀华液晶显示基片及仪器仪表玻璃生产线和全镀膜功能玻璃生产线两个工程项目正式破土动工。7 月 31 日，耀华"九改浮"工程顺利完工并点火投产，并于 8 月 28 日一次引板成功。

2002 年 2 月 8 日，"耀华"牌浮法玻璃商标被国家工商行政管理总局评定为"中国驰名商标"，填补了我国玻璃行业无全国驰名商标的空白。6 月 15 日，耀华博士后科研工作站正式揭牌，为秦皇岛市唯一的博士后科研工作站。7 月 1 日，耀华工业园全镀膜功能玻璃生产线一次点火成功，9 月 28 日一次引板成功。12 月，股份公司成功生产出高白度透明浮法玻璃，填补了我国该项技术的空白，并获国家经贸委颁发的"2002 年度国家重点新产品"证书。

2003 年 6 月 27 日，耀华工业园液晶显示基片及仪器仪表玻璃生产技改项目"超薄玻璃生产线"正式破土动工，项目年产 400 万片 TFT 液晶显示器用玻璃基板，首期主要生产 1.6mm 左右超薄玻璃，应用于电子仪器仪表等行业。11 月，股份公司在线低辐射玻璃试验成功，并在国内率先实现按国际标准生产在线 Low-E、Sun-E 玻璃的产业化，填补了国内空白，产品质量达到国际同类产品先进水平。

2004 年 1 月 6 日，"耀华"牌浮法玻璃被国家质量监督检验检疫总局评为建筑玻璃类首批国家免检产品。4 月 10 日，股份公司在线 Low-E、Sun-E 玻璃新产品发布会在北京人民大会堂召开；同月，耀华玻璃集团被国家统计局、中国建材工业协会评为中国建材百强企业。7 月，耀华以 EPC（采购、设计、建设）总承包方式承担中国政府援建的朝鲜 300t/d 浮法玻璃生产线即朝鲜大安友谊玻璃厂项目。8 月 8 日，耀华工业园 350t/d 超薄玻璃生产线正式点火投产；同月，耀华玻璃在人民日报社市场信息中心等单位联合举办的"中国市场产品质量用户满意度调查"活动中，获得"中国玻璃市场产品质量用户满意第一品牌"。

2005 年 1 月 22 日，耀华工业园超薄玻璃生产线生产 2mm 超薄绿玻获得成功；同月，股份公司浮法生产二线生产的浮法白玻在全国建材工业协会举办的 2004 年度浮法玻璃质量评比中获得全国行评第一名。8 月 2 日，"耀华"牌浮法玻璃产品在中国名牌战略推进委员会举办的 2005 年度中国名牌产品的评比中名列首位；22 日，援建的朝鲜大安友谊玻璃厂 300t/d 浮法生产线顺利点火。9 月 1 日，"耀华"牌浮法玻璃被国家质量监督检验检疫总局正式评选为中国名牌产品。11 月 18 日，耀华熔石英公司采用自主研发的立式沉积工艺，成功生产出第一根紫外石英棒，重量 137 公斤，平均直径为 230mm，高达 1.56m，是当时世界上最长的紫外石英棒，该项目的成功对中国军工事业作出了重大贡献。11 月 29 日，朝鲜驻华大使崔镇洙为耀华 53 名援朝人员颁发"朝鲜国家友谊勋章"。

2006 年 1 月 9 日，自主研发的"浮法玻璃生产过程工艺、检控与在线低辐射玻璃工业化生产技术开发项目"获国家科技进步奖二等奖。7 月 26 日，自主研制的国内首条硼硅浮法玻璃生产线成功拉引出第一块硼硅浮法玻璃，标志着硼硅浮法玻璃线实现工业化生产。

2008 年 4 月 10—13 日，耀华硼硅防火玻璃通过国家权威安全检测部门——国家固定灭火系统和耐火构件质量监督检验中心的检测，防火时间超过 180 分钟，达到国家标准的两倍。10 月 10 日，耀华高新技术产业园区首条新建项目"日熔化 30 吨的硼硅浮法玻璃生产线"一期工程破土动工，该生产线为国内首条、世界第三条硼硅浮法玻璃生产线，可年生产硼硅玻璃 5 000 吨。

2009—2022

2009 年 9 月 28 日，在原高硼硅玻璃管生产线的基础上改建的弘华特玻公司硼硅玻璃生产线点火投产，该生产线日熔化为 15 吨，集试验和生产双重功能，产品主要用于家用电器、太阳能集热板、光学等领域。10 月 8 日，弘华特玻公司硼硅玻璃生产线顺利引板。12 月 15 日，股份公司改制组建的"秦皇岛耀华浮法玻璃有限公司"（以下简称"浮法公司"）成立。

2010 年 4 月 15 日，耀华玻璃集团与弘毅投资公司正式签订协议，合资组建秦皇岛弘耀节能玻璃有限公司（以下简称"弘耀公司"）。

2011 年 2 月 10 日，浮法公司浮法玻璃生产二线正式停产，该生产线自 2001 年 8 月 28 日正式投入生产后，共运行 3 477.5 天，累计生产浮法玻璃 19 362 560 重量箱。6 月 27 日，"中国耀华玻璃集团公司"正式更名注册为"中国耀华玻璃集团有限公司"，成为一家由弘毅投资公司在耀华玻璃集团、北方集团基础上改制重组建立的新型现代化公司；同月，耀华自主研发的"浮法工艺生产硼硅玻璃工业化成套技术及产品应用开发"项目顺利通过中国建筑材料联合会专家鉴定。8 月 3 日，与弘毅投资公司共同组建的"中国耀华玻璃集团有限公司"正式举行挂牌仪式。

2012 年 8 月 6 日，依托耀华厂区部分旧址建设而成的秦皇岛市玻璃博物馆开馆。

2013 年 2 月 28 日，弘耀公司日产 500 吨节能玻璃生产线点火升温。4 月 1 日生产线一次引板成功，并在一周内生产出合格品和一级品。5 月 17 日，弘耀公司日产 600 吨玻璃生产线点火烤窑升温，6 月 23 日生产线一次引板获得成功。

2014 年 1 月，弘耀公司成功转产超白玻璃。7 月 16 日，耀华工业园转产粉玻，同时第一次试拉引出 9.3mm 粉红高档制镜级玻璃。

2015 年 4 月，北方集团生产出超大板玻璃，并且顺利下线，质量全部达到一级；同月，耀华工业园脱硫脱硝除尘一体化工程完工。7 月 3 日，秦皇岛市政府与弘毅投资有限公司、中国建材集团旗下子公司凯盛科技集团签署《关于中国耀华集团有限公司实施战略重组合作的框架协议》，对耀华集团实施战略重组。

2016 年 5 月 26 日，秦皇岛市政府与中国建材集团公司在秦皇岛签署全面战略合作框架协议，市国资委、市国控公司与凯盛科技集团签署《中国耀华玻璃集团国有股权无偿划转协议》。

2017年1月1日，凯盛科技集团与中国耀华玻璃集团有限公司、秦皇岛市人民政府国有资产监督管理委员会、秦皇岛市国有资产经营控股有限公司等签署关于管理中国耀华玻璃集团有限公司的合作协议。3月21日，弘耀公司开始在日产600吨生产线批量生产宽3 660mm、厚2mm的玻璃，产质量、总成品率稳步提升，实现了耀华自身生产技术能力上的突破与超越。4月19日，秦皇岛市政府与凯盛科技集团在上海签署《耀华集团重组工作备忘录》，标志着耀华重组工作再获重大进展；同月，弘耀公司日产600吨生产线首次试生产出1.8mm薄玻璃。11月1日，耀华与秦皇岛市国资委、秦皇岛市工业国有资产经营有限公司签订《关于组建耀华留守处及移交相关管理职责的协议》，标志着耀华重组工作取得又一重要进展。

2018年5月17日，耀华"并购重组实现节能环保系统一体化管理"成果获全国建材企业"管理创新成果一等奖"。6月，弘华特玻公司硼硅二线产质量达到国内先进水平。6月20日，弘华特玻公司自主研发的硼硅浮法玻璃二线正式点火（7月4日引板成功）。6月28日，耀华560t/d在线Low-E节能玻璃智能制造技改项目点火运行，并于7月21日引板成功，该项目是利用中国建材集团技术优势建设的国内第一条采用宽版等速生产工艺的生产线，主导产品为在线低辐射镀膜玻璃和汽车挡风玻璃。

2019年4月27日，耀华"浮法颜色玻璃微气泡缺陷的控制"项目获得全国建材行业技术革新奖技艺工法类三等奖。5月23日，耀华"以和谐为前提，以社会责任为己任，稳妥推进人员优化与分流安置"成果获2018年度全国建材企业管理现代化创新成果一等奖。8月28日，耀华集团"百年企业集团企业文化的传承、融合与创新"文化建设成果获"2018—2019年度全国建材企业文化建设经典案例"。12月，耀华获"2019中国建材企业500强"和"2019中国和谐建材企业"两项荣誉。

2020年5月15日，弘华特玻公司对原30t/d硼硅玻璃一线进行技术改造建设的45t/d硼硅玻璃电熔窑点火投产，主导产品为硼硅4.0和硼硅防火玻璃。6月30日，耀华所属秦皇岛玻璃技术开发有限公司和弘华特种玻璃有限公司获评河北省第二批绿色工厂。11 月 10 日，按照秦皇岛市政府与凯盛科技集团确定的耀华项目建设"存量做优、增量做强、全面规划、分段实施"原则，以"做优浮法玻璃、做强特种玻璃、做精原加工玻璃、创新特色产品"为发展思路，分为两期建设耀华高新技术产业园。12 月 29 日，耀华"传统玻璃企业以信息化应用为核心的成品仓库管理水平提升"项目被授予 2020 年全国建材企业管理现代化成果经典案例奖，"以浮法玻璃生产企业基于 EPC 的技改项目精益化协同管理"和"以'安全、环保、节能、稳产'为前提的浮法玻璃熔窑寿命周期管理"两项成果被授予 2020 年全国建材企业管理现代化成果典型案例奖。

2021 年 4 月，耀华再获全国五一劳动奖状。5 月，自主研发、属国内首创的"耀华灰"颜色玻璃实现商业化生产，产品进入高端家电玻璃市场。5 月 13 日，耀华获"2021全国建材行业品牌建设影响力企业"。6 月 9 日，中国建筑材料联合会党委庆祝建党百年"党旗建材万里行"（河北·秦皇岛站）在耀华举行。7 月 15 日，耀华"充分发挥党的核心领导作用，实现百年企业凤凰涅槃"成果获评"2020—2021 年度全国建材企业文化建设经典案例"。12 月，耀华所属秦皇岛玻璃技术开发有限公司获评国家级绿色工厂，其团支部获全国五四红旗团支部。

2022 年 2 月 27 日，弘耀公司首次生产的"耀华灰"颜色玻璃一等品正色下线入库。3 月 27 日，耀华启动庆祝建厂 100 周年系列活动。

第十五章
百年耀华
——耀华玻璃厂老照片展

　　秦皇岛市玻璃博物馆依托国家级文物保护单位耀华玻璃厂旧址建设，是我国首家以玻璃为主题的国有博物馆。百年前，这里诞生了我国首家机器法连续生产平板玻璃的企业——耀华机器制造玻璃股份有限公司。老厂区有着辉煌的历史，劳动者曾在此筚路蓝缕，引上机曾在此昼夜轰鸣。2001年底，随着"退城进郊"工程启动，耀华厂搬迁至北部工业园区。为了传承城市文脉、保留城市记忆，2012年秦皇岛市玻璃博物馆依托耀华旧址建设而成。博物馆细心收藏了数百件与近现代玻璃工业相关的文物与数千幅展示耀华发展、演变的老照片，它们都是秦皇岛市百年工业历史的见证。2022年是耀华玻璃厂建厂一百周年，也是秦皇岛市玻璃博物馆建馆十周年。我们举办耀华老照片展，精选耀华从建厂到百年的照片，展示不同时期耀华玻璃厂的荣耀历史与一代代"耀华人"的心路历程。

一、中国玻璃工业的摇篮

　　峥嵘岁月，风云百态。一个特殊的年代，一段跌宕的历史，造就出一批有商业开拓精神与实干精神的民族实业家与民族企业。耀华玻璃厂，中国第一家机械法生产玻璃的企业，出资者是我国著名实业家周学熙先生。周学熙，字缉之，号止庵，安徽至德人，中国近代著名实业家，主持北洋实业，以天津为基地，创建了享誉海内外几十年的"周氏企业集团"，投资领域包括燃料、建材、纺织、五金、交电、机械、金融等多种行业，形成了以唐山启新洋灰公司、滦州煤矿公司、华新纺织公

2022 耀华百年——耀华玻璃厂老照片展现场

司为核心的庞大资本集团。耀华玻璃厂是其杰作之一。耀华的凿空之举，不仅结束了外国玻璃独占我国玻璃市场的局面，其产品还远销东南亚、日本、美国等地。耀华是远东地区第一家机器生产玻璃的工厂，被誉为"中国玻璃工业的摇篮"，标志着我国玻璃工业步入近代工业行列。

二、开启实业新华章

创办之初的耀华，面临激烈的市场竞争。外商采用削价倾销的手段，排挤耀华玻璃。为图生存，耀华设法降低产品成本，提高产品质量，加强售后服务工作，薄利竞销。经营初期，盈利甚少，经济状况不佳。直到1927年后经济状况才开始好转。九一八事变后，日本侵占东北，耀华的比方股东为了防止在华利益受损，将股份售与日本旭硝子株式会社。耀华遂由中比控股变为中日控股，直到1945年日本战败，日方股份被国民政府接收转为官股，原中方股份称作商股，耀华遂转为官商合办。由于国民党政府热衷内战，以致百业凋敝、物价暴涨、生产停滞，耀华终因战火停产，熔窑被迫提前放水，直至 1948 年 11 月秦皇岛解放，耀华才获重生。耀华玻璃厂与中国近代工业有着同样的命运。在"实业救国"口号中建厂，新中国成立前的各个时期无不体现出先天不足，与外国、官僚资本的抗争与妥协。一本本会议记录提醒着公众，我国民族工业曾在"三座大山"的夹缝中图存。我国玻璃工业的近代史，就是中国民族工业近代史的缩影。

三、红旗下的光辉岁月

从 1949 年至 1960 年以及之后很长时间，玻璃产销量逐年增加，耀华玻璃厂的车间里始终是忙碌景象。耀华在国民经济中的影响也日益扩大，玻璃这个曾经的稀缺货走入千家万户。新中国成立初期，百废待兴。耀华积极响应党中央"恢复生产，建设新中国"的号召，经三个月奋战，终于恢复了正常生产运营。与此同时，耀华玻璃厂"官股"作为官僚资本被人民政府没收。"商股"属民族资本，受到合法保护，耀华遂进入公私合营时期。"大跃进"及经济调整时期，耀华经历了曲折发展的过程。在党的社会主义总路线和"大跃进"形势的推动下，耀华为扩大生产、增加新品种，在市区西北部开辟新厂，进行了大规模建设，耀华玻璃厂年产量连创历史最高纪录。但由于"大跃进"搞高指标、追高速度，导致产品质量、出口量减少，1961 年开始耀华连续两年亏损。直至 1962 年经贯彻"调整、巩固、充实、提高"八字方针和《国营工业企业工作条例》（工业七十条），经济才出现好转，生产走出低谷。

四、在春风中疾驰

耀华在长达几十年的时间里，引领中国玻璃工业发展的脚步，特别是在新中国的社会主义建设时期，更是创造出一个个令人瞩目的骄人业绩，谱写过载入史册的行业辉煌。"文化大革命"结束后，各级班子先后进行了整顿，各项政策得以落实。通过贯彻《关于加快工业发展的若干问题的决定》（工业三十条），恢复企业管理，建立健全岗位责任制，恢复了计时加奖励工资制度，生产日趋稳定，产品质量显著提高。1978 年，耀华获全国大中型玻璃企业首次质量评比第一名。党的十一届三中全会之后，国家将工作重点转移到经济建设上来，改革开放政策的贯彻执行，给耀华带来更大的发展机遇。新的生产线被引进，新的厂区被开拓，各类不同功能的玻璃产品纷纷研制成功，百年耀华焕发出新的活力。

五、新时代的百年征程

百年风雨历程，有过辉煌，也历经坎坷沧桑。进入 21 世纪以来，耀华集团面临着改革发展的又一个重要时期。为破解企业生存发展的难题，秦皇岛市委、市政府引入央属企业对耀华集团进行重组。2016 年 6 月，凯盛科技集团驻耀华工作组受耀华集团董事会委托全面接手耀华集团的管理工作。5 年来，企业一年上一个台阶，发生了一系列可喜的变化。从 2016 年的巨额亏损到 2020 年大幅盈利，实现凤凰涅槃，浴火重生，耀华集团先后荣获全国建材行业先进集体、凯盛科技集团特殊贡献奖。2021 年 4 月 27 日，耀华荣获全国五一劳动奖状，受到表彰。这是继 1988 年秦皇岛耀华玻璃厂获得全国五一劳动奖状之后，时隔 33 年，耀华集团再获此殊荣。

结语

"老厂房很多都是欧式建筑，在我出生前这房子就有了。那时候宿舍区和厂区连在一起，但我们进不了厂区，有军人站岗，一边一个，一个拿着步枪，另一个站在门岗里。枪是上刺刀的，我们远远望着军人，特别骄傲，我爸妈都在里面上班，我们小孩子觉得特牛。那时的秦皇岛就像个小村庄，别人一说我家耀华的，都很羡慕。怎么说呢，我们厂的子弟都有点骄傲，你说周围，打鱼的、种田的、放羊的、磨豆腐的，怎么比得过做工业产品啊！骄傲是打心眼里的。"一位 80 岁老工人回忆道。